"桐乡历史文化丛书"（第五辑）编委会

顾　问：于会游　王　坚　俞奕凌　施如玉
编　委：李新荣　于瑞华　褚万根　顾守菊
　　　　吴　臻　申险峰　范利学

主　编：李新荣
副主编：褚万根

作　者：（以姓氏笔画为序）
　　　　陈　勇　沈思佳　张天杰　郁震宏
　　　　闻海鹰　夏春锦　章建明

闻海鹰 著

桐乡历史文化丛书

汤国梨传

TANG GUOLI ZHUAN

华文出版社
SINO-CULTURE PRESS

图书在版编目（CIP）数据

汤国梨传 / 闻海鹰著. -- 北京：华文出版社，2022.12
（桐乡历史文化丛书. 第五辑）
ISBN 978-7-5075-5713-8

Ⅰ.①汤… Ⅱ.①闻… Ⅲ.①汤国梨-传记 Ⅳ.①K825.6

中国国家版本馆CIP数据核字（2023）第039545号

汤国梨传

著　　者	闻海鹰
责任编辑	戴明敏　刘　琪
出版发行	华文出版社
地　　址	北京市西城区广外大街 305 号 8 区 2 号楼
邮政编码	100055
网　　址	http://www.hwcbs.cn
电　　话	编辑部 010-58336278　总编室 010-58336239 发行部 010-58336202
经　　销	新华书店
印　　刷	三河市航远印刷有限公司
装帧制版	北京禾风雅艺文化发展有限公司
开　　本	880mm×1230mm　1/32
印　　张	8
字　　数	156 千字
版　　次	2022 年 12 月第 1 版
印　　次	2022 年 12 月第 1 次印刷
标准书号	ISBN 978-7-5075-5713-8
定　　价	60.00 元

版权所有，侵权必究

汤国梨在上海

梅花的召唤（代序）

《梅花的召唤》能作为代序，不胜荣幸，闻女士写出了一个真实的汤国梨，我第一次读到了文化底蕴深厚、乡土气息浓烈的我的祖母，这给我们还原了一个近代中国的新女性，是一本开卷有益的好书！

人说"折枝梅花去过年"。

自古人们就喜欢把梅花与过年联系在一起。

梅花盛开于春节前后，过大年与梅花吐香是连在一起的，总让人感到兴奋。

梅花的芬芳与幽香是特殊的，是这么袭人心肺，沁得刻骨铭心，浓烈得让你无法忘怀，这是其他花卉无法与之相比的，让历代诗人词客穷尽文思也难以表达。它渗入人的记忆与脑海里，以至数里外，凭着这股香味就可以引领你归家。

栽梅是历代士大夫的追求，在我们家——苏州的宅园里也栽了四五棵蜡梅，有单瓣复瓣的、素沁红蕊的，一到冬天，满树开放，馥郁的香味可以飘到街口。我们兄弟姐妹寒暑假都会回家，从饮马桥下车，走到穿心街小巷口，还没有看到老宅，远远就闻到了熟悉的梅花香味。这香味好比在召唤我们快快回家。

梅树是我祖母的心爱之物，修枝施肥，都是她亲手打理。当花儿盛开时，她会去剪几枝最壮硕的梅枝插到祖父的书房与客厅之中，满屋梅香熏得大家醉乎乎的。除了她剪几枝外，不允许任何人来剪她的梅花，哪怕最受她疼爱的我也不例外。

祖母还栽了一棵绿梅、一棵红梅，它们虽然显得特别娇贵，但香味却远远没有蜡梅浓烈。祖母谢世后，红梅绿梅也先后枯萎了，这倒不是殉情而逝，实为难以伺候。只有蜡梅活到如今，一到隆冬，依然开得一天一地，香味四溢。有一年，花店老板来跟我父亲商量，让他们剪了去卖，说这不影响明年再长，他们开价五千元，这在20世纪80年代初，绝不算笔小钱，我们工资也不过三五十元，尽管我父亲很会花钱也很需要钱，但他还是没有答应，他说梅花在，母亲就在，花卖了，母亲魂就无法回归了。

前些天，电视中说公园里初梅绽放了，于是我匆匆忙忙赶到花市。这是一家由兄妹俩经营的店铺，他们承包了一个专门种梅的花圃，专售梅花，我多年来此购买，已与他们熟稔了。店小妹笑我来早了，心太急了，说要再等上七八天。一周后，我又去了，终于买了束花苞没有盛开的蜡梅。回家后放在休息室的花瓶里，几次三番去催梅探梅，希望它早点盛开。有一个晚上，我终于闻到了一点点淡淡的幽香，它似乎在跟我打招呼，似乎在召唤我回到当年盛开时的故乡，像吹响的集合令，呼唤我们从四面八方来集合，回到当年的岁月。

梅花有种奇特功效，会勾起大脑的记忆，带你回到当年闻到它的时空，把人带到以往的岁月，找到昔日的时光，寻到以往人们的面貌……回忆起屋中的黄铜大暖炉,像《红楼梦》中贾母房中大大的暖炉,放着一层层镂空的外罩,叠成一个小塔,我们围炉而坐,笑谈着四面八方的见闻,听着长辈们讲的老话,大家莫名地嬉笑、高兴地叫闹……祖母笑盈盈地望着我们,父亲不停地走来走去,给我们送来各式各样的食品……有时我们会玩牌,或去玄妙观吃小吃,或结伴去看电影,无忧无虑牵着手走在街上……尽管后来我们又会去到四面八方,一晃几十年,我们已垂老,有的腿脚不再利索,有的则去了天堂;但梅花的芬芳就像集合令,把我们重新召唤到一道,唤醒记忆,把我们的灵魂集在一道,在梅花的香云中相会拥抱!

尽管多少年来,各种运动,各种冲击,要我们与家庭"划清界线",要我们忘记这种"小资的情调",但年复一年的梅花却召唤我们回到大自然的怀抱!

祖母是位诗人,夏承焘先生、龙榆生先生,都赞美过她的诗词。她的诗词都是咏物,不幸的时代、离乱的家庭,让她由衷而发。她的咏物诗词中更多是咏梅,与梅唱和,她由咏梅到爱梅写梅,再到画梅。这大概是无人知晓的。

祖母爱梅、写梅、画梅都是无师自通的,过去文人大体都如此,这也是一脉相承的。祖母笔名影观,著有《影观诗词集》。她又好书法,风格近瘦金体,她九十六岁时书法作品还代表国家去日本展出,可见水平不一般。书法与绘画又有"书画同源"之说,好的书法家,深谙用笔。画梅与书法是相通的,都是如何用笔。故祖母常常在纸上画上一根枝条,添两朵梅花,这样的涂鸦是经常的,但似乎没有见过她完整的作品。在中国文史出版社出版的《汤国梨诗词集》扉页上印了她画的一枝梅花，不知我弟弟从何找到，用在了书中，我不十分清楚。

但是我最近整理先祖父与先祖母遗物，准备捐给章太炎故居或纪念馆时，忽然在祖母给我的一捆旧扇面里，发现她书写的十多幅扇面。虽然有些已破旧，有些却十分金贵，还有吴湖帆、汪旭初等一批名家的扇画多幅，这让我喜出望外。祖母仙逝四十年来，我忙于工作与生计，竟忘却了整理这些东西，其中有一幅扇面让我最为吃惊，这是祖母手绘的一幅梅花图，后面还有她题写的一首诗。这是她生前留下来的唯一一幅绘画作品，而且绘得这么有章法，布局得当，枝条合理，梅花有神，浓淡适宜，笔法老到，完全不像外行所绘，可见她在这方面的修养，只是不肯轻易示人，保持了她一贯谦虚的个性。

祖母题写的诗是她1943年之作，题《阅项氏梅花手卷感赋》（二首）的第二首，这梅花图是会稽陈士隐写的，旧藏五洲大药房项松茂先生家，卷长一丈八尺，祖母阅而有感而成诗二首。诗曰：

漠漠彤云雪意含，千枝万朵玉梅酣。
自从写入丹青里，未许游蜂任意探。

冰想精神玉想容，水嫌清淡墨嫌浓。
凭他挥洒神来笔，莫更罗浮访旧踪。

诗也精彩字也精彩。这一切真是在冥冥之中她对我的宠赐，她知道我会欣赏她的作品，会爱护她的作品，会帮她发扬与传承。

梅花的召唤（代序）

她相信在梅花飘香时，我们会相互挂念，会倾诉衷肠。

这一切都是承梅花的召唤！

写于2022年1月19日

本序作者简介

章念驰，1942年生，浙江余杭人，上海社科院亚太研究所研究员，上海东亚研究所所长，中央统战部咨询专家，国务院外宣办对台咨询专家。曾任上海市政协委员、政协常委。专著有《沪上春秋》《我的祖父章太炎》《两岸关系与中国前途》《两岸关系与中国崛起》等，编著有《中国学术思想史随笔》《章太炎医论集》《章太炎演讲集》等。

序

闻海鹰女士著《汤国梨传》毕,即把电子版发给我,命我做一个序。我与海鹰女士相识多年,都是南社研究会的成员,故于时谊是必须完成这个任务的。但序者叙也,是要对著作或作品的意旨和内容加以说明、阐发,进而对其得失加以研究、评论。这是很难的。即使如大文学家、大诗人曹植,他的序都被刘勰的《文心雕龙》所批评,谓"陈书辩而无当"。可见写序之不易。不过那是古代的"严要求",现在海鹰女士既然命序于余,则要求应该是大大放宽了。所以,我想我虽则不是专业的传记作家或传记研究者,虽则对于传主汤国梨的生平事迹和史料也颇陌生,对于"阐发""评论"等只能敬谢不敏,但在作序的"宽要求"下谈一些阅读该传的体会和感想,总还是可以的。

我对传主汤国梨不熟悉,但对她家先生章太炎则是小时候就知道了,因为太大名鼎鼎了。那时候书非常少,书店里只有鲁迅等少数作家的书。正是在鲁迅的《且介亭杂文末编》里,我初次知道了章太炎的名字,看到了鲁迅对他的评价,特别是这一段:"考其生平,以大勋章作扇坠,临总统府之门,大诟袁世凯的包藏祸心者,并世无第二人;七被追捕,三入牢狱,而革命之志,终不屈挠者,并世亦无第二人:这才是先哲的精神,后生的楷范。"别说这段文字所概括、赞叹的太炎先生的业绩足令一个少年人神往，就其文字之凝练、气势之磅礴，也让人一读即终生难忘。后来我又陆续读过太炎先生的著作，直到前几年拥有了印制非常精美的《章太炎全集》，这是太炎先生嫡孙章念翔兄送给我的，弥足珍贵。尽管如此，我对于太炎先生夫人汤国梨完整的生平事迹，还是知之甚少，仅从一些生活类刊物看到过当年太炎先生如何打破常规公开征婚，汤夫人何如应征等，但也是花絮式的介绍文字。

现在好了，我们有了闻海鹰女士创作的这部史实丰富、叙述完整、描写细腻的《汤国梨传》。就我阅读所及，这应该是第一部完整叙写汤国梨生平事迹的传记作品。作者以翔实的史料、细致的笔触，叙述了传主的家庭背景和出身，叙写了传主从幼年到青年的生活道路，如何上私塾、如何成为上海新式女校的学生，如何在那个风雨飘摇的时代基于爱国的热情而参加学生运动，如何从新式女校的学生成长为新式女校的校长，直至不但"在学问上成为诗词家、书法家，还在革命的功业上，成为我国现代妇女解放运动的先驱。"（闻海鹰《汤国梨传》序曲）

当然，仅此并不足以谈尽传主的生平，因为她还是章太炎先生的夫人。不同于通俗刊物花絮式的臆测琐谈，这部传记以严谨的材料和严肃的文笔，叙写了章、汤的交往，互相了解直到结缡的过程，特别是交代了双方对于这一婚姻的郑重思考，比如汤国梨对于章太炎的认识，他虽有不符合一般女青年要求的一面，但其重点却是"其精神骨气与渊博学问却非庸庸碌碌者所可企及""我想婚后可以在学问上随时向他讨教"。这一择偶标准之超迈流俗,至今也还是很有现实意义的。

与太炎先生这样的大革命家、大学问家结缡,对于一个女性来讲,与其说是婚后家庭生活,还不如说是共扶艰危、共渡难关、共举盛业。《汤国梨传》以很大的篇幅叙写了汤国梨如何在太炎先生陷入袁世凯的监禁之后,一则细心安抚狱中的夫婿,一则奔走呼号,展开营救;如何在抗日战争中协助太炎先生发扬民族精神、鼓舞前线将士;如何在太炎先生去世之后保存、整理先生遗稿,颠仆提携教育子女,从而完成一个大学问家的助手和贤妻良母的使命。读了这部传记,我的感觉是无太炎先生的如日之光,即无汤夫人婚后的闪光人生;而无汤夫人的襄赞力助,则无太炎先生后半生的赫赫盛业。传记作者恰如其分地写出了这一点,无畸轻畸重,无偏颇举抑,这是很不容易的。

我读这部传记,感觉作者的叙写有一个很大的特点,就是丰然沛然的歌咏般的抒情。一般来说,作者对于他所写的传主,由于知之全、知之深、知之细,故而由知而爱,由爱生情;故而笔端充满感情,这是很自然的。而海鹰女士的抒情则超乎是。请看下面这段叙述:

> 自从太炎离世后,汤夫人筚路蓝缕,为保护先生的遗稿百般设法,耗尽心力。逃难、流离、内战、动乱……在那样艰难险阻的岁月中,先生的手稿、遗物竟然是丝毫未失,完好无损地保存下来,堪称奇迹!几十年间全赖汤夫人一丝不苟,整理、保存、一点一点逐步出版先生遗稿,从未停止!

这不是叙事中有抒情，这是咏唱，是以抒情引领了她的叙事。这不是个别地方如此，是整部作品都如此。即使是在考证一个史实、叙述传主之外的人和事也是，比如第一章写杭州的摩崖石刻《佛说阿弥陀经》，她也要来一句："让人深为震撼！"似乎不如此就收不住她的文笔。这就使得她的这部叙事作品带上了叙事诗般的格调和色彩，洋溢着作者对于所叙人物和史事的饱满情感。而且我们追溯作者的创作历程，她以前出版的传记《忏慧词人徐自华》，亦复如是。可见写作的抒情性，真的大概是作者文笔的一个重要特色了。

读完这部传记我忽然想到，汤国梨作为中国近现代争取女性解放历史潮流中的一个杰出人物，她一生的生活道路、奋斗历程和思想情感，特别是与太炎先生的结缡和同心合力的襄赞力助，颇可说明这一历史潮流的性质和特点。这一潮流，以梁启超于1896年发表的《论女学》一文发其端，其出发点是为了开启民智，扫除国家的积弱，其最终目的是打碎封建统治强加在妇女身上的枷锁，比如人身的枷锁（缠足等）、教育的限制、就业的限制、婚姻的强制（父母之命媒妁之言）等，在政治、社会、经济层面上获得与男性平等的权利，实现女性解放。人类之所以结合成互助合作的社会，其基础是基于两性各自的特点和优势之上的互助合作、相爱相成。海鹰女士这部《汤国梨传》，所展示的"中国近代知识女性这个独特的世界"，应该可以说明这一点。

总之，《汤国梨传》是一部值得一读的作品，从这部书中我们不但可以完整地认识、了解一位近现代杰出的女性，了解到太炎先生不朽的学问事业中"女性因素"的影响,还可以品味到作者抒情诗一般的情感饱满的文笔。最后要祝贺海鹰女士的新作问世,也期待她力耕不辍,在创作上不断收获新的成果。

本序作者简介

吴先宁,曾任政协第十一届、第十二届全国委员会委员,民革中央委员会常务委员、宣传部部长,《团结》杂志主编,中国人民政协理论研究会常务理事,中央社会主义学院特聘教授,民革中央孙中山研究学会秘书长。主要从事古代文化文学研究,出版专著《北朝文学研究》《北朝文化特质与文学进程》《秋瑾徐锡麟》等。

目录

梅花的召唤（代序）/ 章念驰
序 / 吴先宁

序曲	001
第一章　不知谁家吹玉笛	007
第二章　家住炉溪曲水前	017
第三章　夜阑灯下学吟诗	026
第四章　一任旁人窥冷眼	035
第五章　休言女子非英物	042
第六章　淑女必为名士妻	052
第七章　梁鸿得配孟光贤	061
第八章　恐有离人为断肠	071
第九章　历劫红尘终不悟	083
第十章　兴亡聚散两依依	096
第十一章　携将书剑隐小村	110
第十二章　后死之责遗志长	131
第十三章　埋骨故乡好湖山	143

第十四章　子规啼血慈母心　　162
第十五章　知隔云山几万重　　177
第十六章　冰霜嚼到淡无馀　　191

附录
汤国梨年谱简编　　204
影观杂论　　222

参考文献　　224

后记　　230

序曲

岂独苍松劲节难，梅花亦自耐清寒

生为女子，若能经历史的大浪淘沙而得以史册留名，纵观上下五千年，无非以下几种——或因才情智慧，比如咏絮才女谢道韫、赌书泼茶李清照、胡笳悲歌蔡文姬；或因美貌姿容，比如桃花溪边薛校书、比如"四美"：西施、昭君、肥环、瘦燕。至于像男子一样是因为功业成就永垂史册的，则极其稀少，几乎是奇迹，自古也就"日月当空"的则天女皇，人称老佛爷的慈禧太后等屈指几位。

自古女子属性的第一顺位是"母性"，人类从群居到有了婚姻，有了第二顺位"妻性"，"良母"合成"贤妻良母"。《列女传》记周朝"太姜，广于德教"，是说周太王的贤妻教育儿子成才，儿子周王季也成了贤德领导；周王季的正妃太任"端一诚庄，惟德之行"，造就一代贤君周文王。这便是"贤妻良母"的滥觞。辅佐夫君，教育儿郎，家国之内是女人的优秀贤良，成就了男人的优秀贤良。

中国女人从"妻"与"母"的身份中抽离出来，拥有完整个体自由精神、独立思想、自主情感，拥有第三顺位的"女性"质地，这一段路程无比艰难、满是荆棘，到了辛亥革命前后才踉踉跄跄稍有抵达，奔向文明。

陈东原先生在《中国妇女生活史》中说："清代二百余年的妇女生活，取前此二千余年的妇女生活，倒卷而缫演之，如登刀山，愈登而刀愈尖；如扫落叶，愈扫而堆愈厚，中国妇女非人生活，到了清代，算是'登峰造极'了！"女性权利在清代有个倒退，不只男尊女卑，而陷落到几乎"物化"。物化的意思，就是女人不是"人"而是个"东西"，比如可以占有、可以转让、可以典当、可以买卖……

物极必反，事物落到深渊便有变革，女性的社会形象与权利地位亦同理。晚清时女性"物化"现象，也许正是女性意识觉醒"黎明前的黑暗"。更何况人类来到19世纪，随着世界的多元发展，国门打开，西风东渐，中国大地上女性争平权运动，如星火燎原般蹿升起来。自晚清始，好些为女性争权利的熠熠生辉的高贵形象，如秋瑾、吕碧城、张默君、徐自华……就开始在历史的至暗时刻散发出各不相同的光彩。她们中有绚烂强烈而勇猛的，也有柔和中庸坚定而持久的，有如堂吉诃德一样孤勇战斗的，也有拥有开明婚姻而得遇良师益友，并肩与家人一起前行。桐乡乌镇女子、大儒章太炎夫人汤国梨先生，便是其中之一。

汤国梨，1883年出生，字志莹，号影观。她出身普通、才情聪慧。童年的汤国梨随到处工作的父母游历，在七岁到九岁上过两年私塾。聪明而要强的她，凭着这两年私塾的底子，自学不息，作诗填词，卓尔不群。稍长，她坚决地挣脱传统，从江南小镇乌镇走向了大上海，成了新兴女子学校务本女校的新式女学生。

上海是近代最受西风东渐洗礼的城市，1905年，23岁的汤国梨，深受资产阶级革命新思想的影响，行事方式完全是一派新式女性的风采。作为务本女校的学生，她并不固守"一心只读圣贤书"的传统，而是两耳遍闻窗外事。她左手书本右手时事，积极加入学生们的爱国运动。1907年夏天，以第一名的优异成绩毕业，在师长的介绍下，受聘于湖州私立吴兴女校，先为教员，次任舍监，最后能力超群的她，担任了吴兴女校校长。

1911年秋，已是清政府帝制终结而辛亥革命枪响的变局之时，汤国梨应务本老同学之邀，离开湖州，回到上海，她搞义

汤国梨（后排右2）与务本女校同学的合影

卖筹款,襄助革命,创办神州女校和《神州日报》,真正投入了时代大洪流。由上学读书而真正走出家门的小镇姑娘汤国梨,就这样一路求学问、办女报、创女学、争女权……她自强不息,博学多才,清志自坚,最终不仅在学问上成为诗词家、书法家,还在革命的功业上,成为我国现代妇女解放运动的先驱。

1913年,新女性汤国梨与一代儒宗、国学大师章太炎结缡,成了大师章太炎的夫人。章太炎名满天下,汤国梨的名气也不小,她和太炎先生的婚礼,规格之高、嘉宾之多,恐怕同时代女子中极少有媲美者。

章、汤婚后不及一月,"二次革命"爆发,太炎先生"时危挺剑入长安",北上京城面责袁世凯,结果书生遇枭雄,遭袁世凯囚禁三年不得自由。

三年间,面对吉凶未卜又南北相隔的情势,汤国梨与章太炎先生只凭家书往来通信。时局危急,汤国梨方寸不乱,坚强冷静应对,显示出巾帼本色。她一面频繁书信安慰、鼓励太炎先生,一面在南方四处奔忙,多方营救。章夫人的坚强行动使袁世凯未敢对太炎先生下最后的毒手。三年间,面对扑朔不定的南北时势,汤国梨多次给徐世昌、黎元洪等当政要人写信,要他们对太炎先生的安危负责。三年间,面对初成不到一个月即失散了男主人的小家庭,汤国梨用弱小身躯当作了顶梁柱,迫于生计,她到学校当教员,到陈其美、谢天赐等人家中做家庭教师以维持生计。其间艰苦,她一力承担,只能遥思北方的夫君,从相思中获取精神力量,写下了大量想念太炎先生的诗词佳作。

袁世凯洪宪八十三天皇帝梦断,太炎先生终出虎口,回归上海家中。此后，汤国梨一面随太炎先生参加各种社会活动，一面在家相夫教子。时势变化，她又帮助太炎先生创办讲习会，使太炎先生渊深的学问传诸四方。汤夫人竭尽自己的全部心力，做好革命的大学问家章太炎先生背后的女人，为其营造一个温暖的港湾、安定的大后方。

"九一八事变"后，汤国梨与章太炎先生一样，抱持坚定的爱国之心，一致抗日。她组建伤兵医院，慰问请愿抗战的青年学子，义演义卖捐款抗日，国民党蒋介石迫害救国会"七君子"，她奔走营救，竭尽全力，乱世中卓然女杰风范。

1936年太炎先生去世后，汤国梨整理先生遗稿，教育子女，呕心沥血办好太炎先生身后事。在做好章太炎夫人这个角色的同时，独立要强而才情卓越的汤国梨，专注诗词，写作《影观诗》《影观词》，成就了一个梅花品自高的女诗人汤影观。

1949年5月27日，上海解放，汤国梨欢欣鼓舞。1950年，她回到苏州，满怀热情地参加了新政府工作，当选为苏州市和江苏省首届人民代表，并担任了一些公职。晚年，她极为关心台湾回归，祖国统一大业。她深切怀念在台湾的亲友故旧，经常撰写怀念文章，呼吁台湾有识之士尽快促成祖国统一。1979年，汤夫人离世前一年，《章太炎全集》出版，汤国梨几十年的夙愿终于实现。

1980年7月，年事已高的汤国梨因中暑引起并发症，在苏州与世长辞，享年九十八岁。后人将她安葬在杭州太炎先生墓旁，从此与太炎先生长眠西子湖畔。

"春蚕不肯无情死，吐尽丝还化蝶来。历尽红尘终不悟，此身只合化成灰。"这是汤国梨一生奋斗不息、坚强无私的真实写照。

汤国梨（1883—1980），她将近百岁的人生历程中，经历了无数的风云变幻、惊涛骇浪，作为20世纪中国先进妇女的典型，她走过了与国学大师章太炎先生相濡以沫的婚姻，是太炎先生的贤妻；她教育章家儿孙、太炎弟子与再传弟子，成为章门后人的良母；她与清末民初学界人物、政界人物的交往，成为近代女性典范的"汤国梨先生"，她也是"最才的女，最贤的妻"（钱钟书夸杨绛语）。汤国梨的一生，"女权运动"是一个早期标签。她最著名的身份是大学者章太炎先生的夫人，是近代著名的女诗人，是太炎先生形形色色的弟子们心中最敬重的师母……这是汤国梨这一生最大的标签，甚至掩盖了她自身的才情学问。

汤国梨先生很早就具有女性自立、呼吁男女平等的女性主义思想，并积极参加女权运动。她的高洁品质、博爱众生与爱国精神都值得后人崇敬与纪念。越是深入去研读汤夫人，便越觉得她风骨铮铮，如寒梅傲雪，如梨花清香。她的一生，正如对爱孙章念驰说的座右铭："耐苦耐烦和宠辱不惊，足矣！"

本书希冀在史料钩沉中，尽最大努力还原一个丰富的、立体的、多维度而真实的汤国梨，并以汤国梨为典型，描摹中国女性在清末民国以至新中国这个历史阶段中的人的价值探寻与前进脚步。

诚惶诚恐，笔者将以十二万分的努力与虔敬，写作这迄今为止第一部以汤国梨为主角的个人传记！

第一章　不知谁家吹玉笛

不知谁家吹玉笛，一处花开两处香。关于汤国梨，有两个问题首先要说清。

第一个问题：汤国梨到底是哪里人？

在汤国梨口述、胡觉民整理的回忆文章中，有一句她的原话："我是浙江吴兴乌镇人。"这短短九个字，要说清楚殊为不易。因为浙江吴兴乌镇，今天来看，这三地隶属脉络并非一支。

先说汤国梨是浙江乌镇人，在今天的地理系统中，属于浙江嘉兴桐乡。

现在的乌镇，蜚声海内外，作为古镇旅游执牛耳者，几乎无人不晓这一处"江南最后的枕水人家"。然而，你以为你所知道的乌镇就是乌镇全部吗？非也！

乌镇，是江南古镇中一个很特别的巨镇，以南北流向的车溪市河为界，在民国以前分为乌青两镇，西为乌镇，隶属湖州府乌程县；东为青镇，隶属嘉兴府桐乡县。

两镇虽有行政区划的阻隔，但当地人习惯将车溪河两岸合称为乌青镇。在康熙《乌青文献》的"疆域"篇中，张园真就对乌青镇的疆域和四至有着清晰的表述："市逵纵七里，横四里，青镇纵与乌等，横半之""至于数十里中疆域所至"。民国年间，也有《乌青镇志》发行。可见,自古地方史志文献,总是将乌青两镇并称。

两镇隔河而居,居民也时相往来,烟火气息浓厚,生活欣欣向荣。乌青两镇在明中叶即有"宛然府城气象"的规模,名为小镇,实可与湖州府、嘉兴府相媲美。有对联以"屏藩两浙(宋两浙路),控制三吴(古代会稽、吴郡、吴兴三郡合称)"八个字来概述乌镇枢纽位置与战略要冲的地理特点。

在明嘉靖年间一则《请分立县治疏》中,就能看到当时宛然府城的盛况:

> 乌镇大市,地僻人稠,商贾四集,财赋所出,甲于一郡……乌程、归安、桐乡、秀水、崇德、吴江等六县辐辏,四通八达之地……宛然府城气象。

1950年,乌青两镇合并,称乌镇,归属浙江嘉兴桐乡县。

说清楚了乌镇,再来说"湖州吴兴"。

汤国梨父亲汤家,有说是湖州归安人,有说是湖州吴兴人。有必要梳理一下这些地名的归属。

归安是古县名,在今浙江省湖州市。宋太宗太平兴国七年(982),为庆祝钱氏吴越国归顺大宋,将湖州府乌程县东南十五乡分出新置归安县。

归安、乌程二县同城而治,归安县衙旧址在今湖州市中心骆驼桥东堍。明、清时期,归安与乌程两县同为湖州府首县,仍然同城而治。至民国元年(1912)撤废归安县,与乌程县合并为吴兴县（今湖州市市辖区）。归安县自置县起始，至与乌程县合并成吴兴县而退出历史，共存在了930年。

基于这样的情况，很多回忆汤国梨父亲的文章，会出现归安、吴兴、乌程、湖州等多种说法，又因汤父去世早，汤国梨在父亲去世后就随母亲回到了位于车溪河西的沈家生活，故而一直没有正式厘清父亲汤家的地域归属关系。

现在留下来的汤国梨旧居，位于乌镇南栅。她回忆少女时代的诗词中，多次出现过乌镇的风物景致，比如王家庄、薛家桥等。

汤国梨曾有《过王家庄》诗：

> 在乌镇南栅外，沈君泊尘写生，余为题句
> 鸡犬声相递，幽幽一径通。
> 柔桑低碍发，细竹乱惊风。
> 欸语逢村女，行歌羡牧童。
> 桃源在人境，莫更问渔翁。

田园风味，令人心怡。

汤国梨的母亲、弟妹、亲属，还有少年时资助她赴沪求学的舅舅家，都可以在乌镇历史上查得。历来编制的《桐乡县志》《乌镇镇志》……都将汤国梨先生醒目地列为桐乡名人乡贤，所以，汤国梨为桐乡乌镇人这是不容置疑的。

再说汤国梨说的"我是浙江吴兴乌镇人"，吴兴属于今天的湖州。湖州之湖，乃太湖之湖。湖州北靠太湖，是太湖周边城市中唯一以太湖命名的东南望郡。湖州水乡特色非常明显，城

西南是东西两苕溪环绕，城外水系与城内诸条河港各有贯通，河港成网，四通八达。湖州居民也择水而居，因水成市，因水而兴，家家临水，户户通船，都是"苕上人家"。

水路的通达带来舟楫的便利。清中叶以来，湖州经济的发展便逐渐兴盛，名享东南，冠绝一时。湖州民间丝织业兴盛，城中响遍织机声，甚至有个地方叫织里。到了晚清时，五口通商，由于水路与大上海通达便利，湖州吃到了上海通商口岸的红利，更刺激了丝绸业的发展。

由于商业的不断发展，经商致富的人越来越多，社会对于商人也越来越重视。湖州史志记载，鸦片战争前后，湖州产生了五大望族：包氏、翁氏、高氏、毕氏、汤氏。当时，湖州流传一句话叫"包贵汤富"，是说包氏显贵，而汤氏富裕。汤氏虽然排在五大望族之末，但钱财却是最多，只不过因为当时社会重农抑商的观念才将其排在最后。

湖州汤氏人称中山汤氏。鸦片战争时期，是湖州汤氏的最鼎盛时期，所拥有的房产据说占据了湖州半个城，人们称之为"汤半城"。汤家开设钱庄、当铺，邑中甚至有"太太要囥（音同抗，藏起来的意思），老爷要放，开了三十六爿当"，指的就是当时的湖州汤家。

据湖州宿儒、著名书画家谭建丞先生回忆，他母亲汤琴就是湖州中山汤氏人，族中经商人多，读书人也多，最著名的就是成为章太炎夫人的汤国梨。

海上画家，有"汤牡丹"之称的汤兆基先生也是湖州人，他与谭建丞先生聊天，谭老还跟他回忆湖州汤氏的显赫：汤家祠堂坐落在湖州府庙东北面，是清代湖城最大的祠堂，堂内的家具均是用紫檀、红木制成，非常名贵。由于疏于管理，这些名贵家具常常失窃，但他们是少了就补。到后来整个家族经济衰落，无力再补，只能用铁链将这些家具穿连起来。有一次，汤氏家族中有一家兄弟分家，所有的东西均分好，哪怕一颗乒乓球大小的夜明珠，两兄弟也要均分，没办法，请了苏州工匠分割成两半。简直是败家子暴殄天物！

清末民初，汤家的许多人外出谋生。汤兆基先生的祖父到上海从事金融、房地产和丝绸的经营。汤兆基先生父亲汤增熹，字吟荪，自幼喜欢书画，曾求教于民国时"海上四大家"之称的吴待秋，与沈尹默、方介堪等名家也多有交往。汤增熹后来成为民国政府中央银行高级职员，他称汤国梨为姨，章太炎先生曾有对联赠他："河东世擅鹓雏誉，江左人瞻竹箭才。"草书七言，上款是"吟荪嘱书"，下款为"章炳麟"，钤印两方"章炳麟""太炎"。

所以，汤国梨父亲是湖州中山汤氏人。汤国梨出生在上海，童年时随父亲辗转在江阴、汉口等地。汤国梨晚年自号"苕上老人"，曾作诗《有怀故里》："少孤多难飘零久，白发萧然未得归。梦里苕雪烟水阔，故乡虽好故人稀。""苕上""菰城""苕雪"，都是湖州之称。

所以说汤国梨为湖州人，也是有理有据的。

第二个问题：汤国梨母亲到底姓沈还是姓邹？

有一张许多人都看到过的相片，是汤国梨与章太炎新婚不久，与娘家人的合影。新婚夫妻站在后排，前面一左一右两张太师椅上,端坐着两位老太太。照片下的说明是"1913年夏天章太炎、汤国梨婚后与汤国梨的两位母亲沈太夫人和邹太夫人的合照",据章家后人辨认,章太炎身前坐着的是沈太夫人、汤国梨身前坐着的是邹太夫人,以左为尊,故沈太夫人为尊,而邹太夫人为次。

1913年夏天章太炎、汤国梨婚后与汤国梨的两位母亲沈太夫人和邹太夫人的合照

"两位母亲"这样的说法，普通人一定是难以理解的。那么，汤国梨母亲到底姓沈还是姓邹呢？

此事，说来话长。

湖州归安与嘉兴桐乡相邻，两地百姓往来频繁。在湖州归安汤家，有一个青年名叫汤其澄，成年后娶了桐乡炉头的沈家姑娘为妻。炉头在乌镇附近，属于乌镇近郊。这便是汤国梨父亲与桐乡沈家的婚姻。

炉头旧称柞溪，这样两个名称，至少传递出这个地方的两个信息。一是，此地多有柞树，多到成为一种特产，成为一个地方区别于其他地方的标识；二是，炉头之名，得之于此地的冶铸产业。明初以来，此地冶业发达，主要生产铁釜、铁熨斗等。特别是龙凤熨斗，乃沈亦昌冶坊的招牌产品，多年畅销大江南北。这沈亦昌冶坊，便是湖州青年汤其澄所娶的妻家——桐乡沈氏的产业。

沈氏是当地望族，在炉头冶坊名声很大，在乌镇也有房屋产业。巧的是，沈氏先祖沈济，也是湖州人。桐乡卢学溥《乌青镇志》记："考炉镇冶坊，始于明嘉靖间，有沈济字绣川者，自湖州迁居炉镇，创始开设沈亦昌冶坊。"

沈济，即沈氏在桐乡的先祖，至汤国梨父母一辈时，沈家更兴盛了。相比已衰落下来的湖州汤氏，沈夫人娘家家境比汤家优渥许多，汤其澄在事业上可以仰仗岳家，这婚姻可算是他人生中的一大助力。而且，沈夫人也温柔、善良、正直，堪称贤德。然而，世事始终没有十全十美的，他们美满的婚姻有一个最大的遗憾，就是与汤其澄成婚多年，沈夫人却始终未能生育，成了这个家庭最大的缺憾。温良的沈夫人，在心中动起了为丈夫纳妾的念头。

某年灾荒，镇上来了一家姓邹的逃难人家，拖儿带女一大家子。哀哀可怜到了乌镇，在汤其澄家暂歇几天。沈夫人是个仁慈的妇人，看到那人家有个相貌清秀、勤快朴实的姑娘，心中一动，就向那家父母提出来，能否将姑娘留下，给丈夫收作偏房。一来免去了姑娘家逃难的辛苦，也给邹家减轻负担；二来给丈夫收作偏房，也有望生儿育女，为汤家传宗接代。

那个时代，家中正妻大夫人为了给夫家传宗接代而亲自张罗给丈夫纳妾，娶如夫人，似乎是理所应当且再正常不过的事情。就如当年收视率很高的一部电视剧《橘子红了》中的故事：清朝末年，江南小镇，归亚蕾饰演的大妈（容家大太太）因为不能生育，亲自选中佃家的女儿——周迅饰演的秀禾来做老爷的妾室，大太太操办喜事，把秀禾娶进容家，为寇世勋饰演的容家老爷生儿育女、传宗接代。

邹家姑娘就这样被沈氏夫人留下，给汤其澄做了偏房。邹氏聪明能干，多年贫家生活练就一把过日子的好手，她感恩沈夫人的收留，也真心实意待汤其澄好。岁月静好，邹氏在家里，就与善良大度的沈夫人姐妹相称。

从此，汤其澄凡外出谋生，便是邹夫人相随服侍。1883年9月24日，跟随丈夫在上海做工的邹夫人，生下了一个女婴，这是汤其澄与邹夫人的第一个女儿，取名汤国梨。父亲又给汤国梨取了个乳名，唤作"引官"，希望她能引来一个男孩子，才好圆满了邹夫人为汤家传宗接代的初心。后来，"引官"引来了妹妹汤国槃后，邹夫人终于为汤家生下了一个男丁。"引官"汤国梨引来了个弟弟，父亲给弟弟取名汤国棠。

第一章 不知谁家吹玉笛

汤国梨与家人合影（左1弟弟汤国棠，左2母亲沈太夫人，右1妹妹汤国槃）

汤其澄给儿女们取的名字很有意思，梨、槃、棠，皆以木为底。没有资料记录过他的文化程度，然而按湖州汤氏世代经商的家世，以及常年走南闯北做生意的能力，应是有一定的文化修养的。也许是家谱到这一代，正是"国"字辈，并且以"木"旁的字取名；也许汤其澄自己漂泊在外半生，内心终究有着回家乡扎根的愿望。他希望儿女辈，每个人都能和树一样，根系扎实，开花结果，开枝散叶。

邹夫人也是个宽厚、善良、正直、知恩图报的女子。虽然常年是她随着丈夫四处谋生，一家五口温馨和睦，但她从来没有忘记在乌镇还有个沈氏姐姐。是沈氏姐姐在她颠沛流离之时收留了她，给了她一个家，一个勤劳聪明的丈夫，三个聪明可爱的儿女。故而，虽然汤其澄多年辗转谋生，从上海到江苏再到湖北，沈氏夫人常年不在身边，但汤家姐弟三人，从出生起就知道，除了身边的邹氏母亲，他们还有一个姓沈的母亲，在老家乌镇。

这就是汤国梨有沈氏与邹氏两位母亲的由来。

汤国梨九岁那一年，他们一家五口在湖北。父亲汤其澄本在叔叔的茶叶店里帮忙，谁知突然患病去世。邹夫人只好带着儿女三人，回到了乌镇，并投奔沈家。从此，沈夫人便和她一起，抚养姐弟三人长大。

失去了丈夫的沈夫人，在乌镇也只能依傍着娘家生活。所幸沈家家大业大，面对两位寡妇带着三个孩子，沈家对一家孤儿寡母处处照顾帮衬。就这样，沈氏与邹氏两位母亲，相依为命，在小镇勤俭度日，拉扯着汤国梨、汤国槃、汤国棠三姐弟，慢慢地长大成人。

据汤国梨的后代说，他们从小称邹夫人即汤国梨的生母为"好婆"，称在乌镇的沈夫人为"桐乡老外婆"，称资助汤国梨读书的沈和甫舅舅为"桐乡老外公"。

第二章　家住炉溪曲水前

有一首清代《柞溪棹歌》是这样唱的："家住炉溪曲水前，铸金成釜旧相传。沿塘时有商船泊，夜半惊看火烛天。"这繁盛的炉头地方景象，在过去的许多年间，就是沈氏冶坊热火朝天的生产场面造就的。

前文交代过，炉头沈氏家族世代业冶。先祖沈济（字绣川）于明中叶自吴兴县竹墩村（今湖州市菱湖镇）迁居桐乡柞溪（炉头，今龙翔街道）后，世代以冶业为生。沈家冶炼技术好，诚信经商，积财有道，一世一世把这一份家业越创越大。沈氏冶坊远近知名，沈家人格局大，不吝财，十分热心地方事业。所以在炉头地界，威望很高。

在桐乡，还流传着一个沈氏五世沈东溪智斗倭寇的传奇故事呢。

沈东溪信佛，嗜酒，爱下棋，与桐乡县城凤鸣寺方丈交往甚密。嘉靖年间，倭寇占嘉兴，攻皂林，围桐乡县城四十多天。县城守将无法退敌。有一天，沈东溪与方丈在僧舍对弈，扬言道："欲退贼，何必张惶。"

巡抚阮鹗听闻此言，马上备礼访问沈东溪，请教退敌方略。沈东溪献计，用城中铁锅熔汁，浇向敌寇。巡抚依计聚铁，募工熔铁汁，待敌人再次攻城时，冶工们用铁汁杂着火药，凌空泼洒，顿时毙敌无数。倭寇大惊，溃不成军，桐乡县城得以保存。寇贼平定后，巡抚手书"退寇全城"四字，制成牌匾悬挂其庐，百姓尊称沈东溪为"飞火将军"。

炉头沈氏家族第九十八世（柞溪沈氏十三世）沈炳垣，是清朝嘉庆庚午举人，官至同知，曾襄助林则徐抗击英军。

至清末，沈家已是世代望族，乌镇一地最有威望的乡绅之家。沈家对汤国梨的一生帮助最大的，是汤国梨的舅舅沈善保（1869—1939）。

沈善保，字和甫，清附贡生。宣统元年（1909）任青镇议会副议长，浙江第一届省议会会员。后来在民国时期，还曾担任过乌青镇商会主席。

沈善保从小好学不倦，年纪轻轻就成为"桐邑附贡生"。但沈善保志不在科举，他内心真正拥护的是维新变法。清朝末年，他目睹西学昌盛，清廷腐败，痛心疾首，哪里还有意去做这个清廷的官员？

"冶坊天一亮，元宝赚一双"，沈善保倾向维新，生意又做得很好。他在经营家族的沈亦昌冶坊的同时，在苏州、上海、嘉兴、平望等地，独资或合资开设冶坊、钱庄、盐仓、典当等，在乌镇又开设义昌绸布店。财力雄厚的他精神世界也异于一般商人，生活中多以诗书为伴。他藏书颇丰，经常以诗文会友，广交社会贤达和革命志士。他胸襟开阔，匡危济贫，热心地方公益，尤其重视培育人才。

光绪二十八年（1902），沈善保租下乌镇东栅的孔家祠堂为校舍，创办了乌青镇中西学堂，首创西学。近现代乌镇走出的名人乡贤，如茅盾、孔另境、木心、丁士源等都是从这所学校起步，一步步走向了广阔的人生。沈善保慷慨出资办学，不计私利。他在为开办学堂呈抚宪文中写道："……现款项虽尚不敷，善保以事关教育，理合从速开办，由善保筹垫千金，聘定教习，购借书籍，修理房屋……"

茅盾在《我走过的道路》中写过当时的学校："这中西学堂，半天学英文，半天读古文，学生都是十七八岁的小伙子，在学校住宿，平时出来，排成两列纵队，一律穿白夏布长衫、白帆布鞋，走路脚弯笔直，目不斜视，十分引人注目。"当时茅盾在"中西学堂"隔壁立志学院改办的"国民初等男学"（校长卢学溥，是茅盾的表叔）就读，对新式的"中西学堂"是十分羡慕的。

光绪三十三年（1907），中西学堂扩充校舍，改名为乌青镇高等小学堂。就在这一年，茅盾也从国民初等男学毕业，进入乌青镇高等小学堂。茅盾进入这所小学后，才知道教的课程已不是原来中西学堂的英文、国文两门，而是增加了算学（代数、几何）、物理、化学、音乐、图画、体操等六七门课。

茅盾在乌青镇高等小学堂时国文成绩为全校之冠，作文更是出类拔萃。进校第二年，小学举行童生会考，试题是《试论富国强兵之道》。茅盾在广征博引、论说古今之后，用"大丈夫当以天下为己任"作结，充分表露了不凡气宇。卢学溥对茅盾的作文赞不绝口，在文后批道："十二岁小儿，能作此语，莫谓祖国无人也。"这篇作文至今陈列在茅盾故居的橱窗中。辛亥革命后，乌青镇高等小学堂改名为乌青镇植材小学，就是今天的乌镇植材小学。

沈善保热心乡梓教育，爱惜人才。自己家族更是无分男女，子女八人均得深造，个个成才。沈善保还关心族中家境困难而有志向学的青少年，曾资助沈应时（字溥泉）、丁士源、沈泊尘等求学读书，汤国梨能到上海求学，也是他资助的。沈善保后来长期居住苏州，抗战爆发后，携家眷回到乌镇，后辗转至上海租界寓居。1939年6月19日，沈善保病逝上海，卒年七十岁。

沈氏族中还有一个传奇人物沈善登，也值得一书。

《桐乡县志·人物篇》是这样描述他的："沈善登（1830—1903），字谷成，号未还道人，炉头人，沈炳垣之孙。清同治六年（1867），与弟善经同举于乡，翌年成进士，授翰林院庶吉士。"

沈善登科举成绩好，但后期没有做官，所以今天已经很少有人知道他了。但当时与他同登金榜的有陈宝琛、许景澄等，后来均成为清末朝廷重臣。沈善登对做官兴趣不大，被授予翰林院庶吉士后，他没有很用心地从政，不久就辞官返里了。他志不在仕途，回乡里任桐溪书院山长多年，为家乡培育人才。史料上说他"忧于时局，不图从政而寓居苏州，读书、著述、拜佛、游学访友并兼顾舆图及公益诸事"。《桐乡县志》上记："早年，受学于钟文丞；中年，涉猎西方学说，又兼通佛学，信奉净土宗；晚年，专研《周易》。"是个学问渊通，心性通达的居士、名士。

沈善登信仰佛教，方外之人也多有交往。清光绪四年（1878），高僧古昆法师云游至杭州，参拜昭庆寺，见寺后有小霍山，山体玲珑，石岩高峻，石壁坚实，小而灵秀，法师生起与小霍山缘分感应，灵光一闪，想在石壁上刻一篇《阿弥陀经》，同时想在此建一弥陀寺以礼佛。于是买地建寺，并筹划刻经，大师选定了桐乡进士沈善登居士书写。于是，杭州昭庆寺后小霍山，有了一篇非同一般的摩崖石刻佛经《阿弥陀经》，此地所建寺院称为弥陀寺，小霍山从此也改称为弥陀山了。

由于沈善登精通佛学，信奉净土宗，是位虔诚的居士，又是翰林院庶吉士，家庭背景及社会声望颇大。沈善登对书写《阿弥陀经》十分认真虔诚。接下这件大事后，他将自己关在苏州梅花胜地邓尉山的圣恩寺，一旁请人昼夜念佛，自己则"斋沐敬书"。每次起笔写经之前，他先礼佛三拜，念佛号一百零八声，金刚咒七遍，然后"跪而书之"。如此五十三天，才完成这一体量巨大的作品，六寸楷书大字，正文加附记共二千一百九十四字。

现在杭州的弥陀寺公园弥陀山巨大的整面石壁，就刻有这篇杭州市最雄伟壮观、面积最大的摩崖石刻《阿弥陀经》。它高五米，长二十四米，石刻一百零六行，每行二十字的，正文一千九百六十六字，加款识附记等总计刻有二千一百九十四字，每个字十五厘米见方，一厘米多深。"字大几寸，铁画银钩，遒劲圆润，深及八分"，让人深为震撼！

沈善登才气极高，晚年研究《周易》，著有《需时眇言》十卷，提出"光气说"来诠释《周易》。对于佛学，他信仰甚深，他曾自称："余夙世为僧。幼六七龄时，数有梦征，绝险怪，历十年不变。最后梦得师资，为题自画小影，乃截然不复梦。岂余固从西土来耶？因取题句意，自号'未还道人'。"

由"未还道人"这样一个名号，还引出一则历史谜案。沈善登在上海时，与盛宣怀、经元善、郑观应等沪上名流多有交往，与康有为也有直接来往。他曾在给友人的信中这样评价康有为："康先生，闻名已久。前读《伪经考》，颇有卓见，意必其人高不可攀。今夏会邂逅晤面，始知仁心仁术，真积学有道君子，佩服之至！"因为他自号"未还道人"，又与康有为有交谊，所以有学者认为，沈善登就是写作并帮助出版《公车上书记》的"沪上哀时老人未还氏"。

沈善登有一个著名的漫画家儿子沈泊尘（1889—1920），所绘《红楼梦图》《新新百美图》名噪一时。1918年，沈泊尘与弟弟沈学仁、沈学廉三兄弟合作创立上海沈氏兄弟公司，独立出版画报《上海泼克》，又名《泊尘滑稽画报》，这是中国历史上第一本专门的漫画月刊。沈泊尘1889年出生，他十四岁时父亲沈善登过世，年幼失怙的弟兄们，是在叔父沈善保的资助与抚养下长大的。

沈泊尘与汤国梨从小一起长大，友情甚笃。汤国梨任吴兴女校校长时曾写过一首题为《过王家庄》的诗，记述了沈泊尘在乌镇南栅外写生的画面："鸡犬声相递，幽幽一径通。柔桑低碍发，细竹乱惊风，欸语逢村女，行歌羡牧童。桃源在人境，莫更问渔翁。"

1911年，汤国梨从湖州回到上海，办学办报。这时的沈泊尘在《民权报》任绘画编辑，常常把自己的作品送与汤国梨赏析。汤国梨就经常为画作题诗，人们常能见到两人合作的诗画作品发表于报端。有《题泊尘画》诗："一树高梧报早凉，小庭闲杀竹方床。秋心窈窕无人问，自撷幽花理晚妆。"又有《题沈君泊尘画》诗："敛恨推篷倚月明，琵琶不抱亦多情。苍霞断雁秋萧瑟，一片浔阳江上声。"

沈泊尘是个创作丰盛的画家，创作题材丰富多彩，有仕女人物、风景小品、戏曲人物等，更可贵的是他骨子里的热血与斗争精神。他不顾个人安危，以笔代刀，画时事讽刺漫画，亮剑帝国主义、腐败时局与黑暗势力。在沈泊尘为《申报》"自由谈"主笔期间，年轻气盛、无所畏惧，多次创作、刊登剑指时局的讽刺之作。有一次他画了两只猪同圈，一头猪身上写着"英"，一头猪身上写着"日"，结果触怒了租界当局，被上海租界法庭判为"污辱协约国"而罚他向《申报》赔款。沈泊尘因此被迫从报社辞职，临别时他有诗曰："纵尔能言杨继盛，当头无奈有严嵩。"弟弟沈学仁就此事曾回忆说："时先兄有一惊心动魄之滑稽画刊印某报中，竟掀起绝大风波，攘攘半载始寝。"

1912年中华民国成立，章太炎在上海创办中华民国联合会机关报《大共和日报》。沈泊尘受聘该报附设的"石印画报"的编辑，至此，泊尘的各种画作见之于这份知名刊物，各式漫画创作也更丰富。这是沈泊尘与章太炎交集的开始，也是造物主在冥冥之中为汤国梨与章太炎的姻缘埋下的一根红线。

1913年，家乡的王氏夫人已离开章太炎十年了，革命不休何以家为，如今民国已立，革命成功，章太炎在朋友的劝导下始有续弦之意。名满天下的太炎先生要择偶娶妻，这在当时是牵动许多人的大事件，正是时在报社任职的沈泊尘提供了好友汤国梨三十未嫁的信息，后再由孙中山的秘书长张通典与女儿张默君（也是汤国梨在上海务本女校的同学）出力，促成了这桩

"学问加革命"的章、汤联姻。

作为"五四时期具有代表性的影响最大的漫画家",沈泊尘有着强烈的爱国热情和时局敏感,实在是当时萎靡不振的上海艺术界一面难得的不屈旗帜。但天不假年,1920年,沈泊尘终因积劳成疾,肺病复发,不幸于当年3月7日辞别人世,年仅三十二岁。汤国梨痛惜好朋友的英年早逝,作《谒名画家沈君伯诚墓》诗:"谁识清才旷代无,丰碑烟树乱平芜。魂来纵有丹青笔,忍写孤坟入画图。"中国名镇志文化工程《乌镇志》的"乡贤名人"中介绍沈泊尘,引用郑逸梅语:"我国人之作漫画,当以沈泊尘为巨擘。"

沈泊尘去世后,弟弟沈能毅(学仁)在上海四川路上海基督教青年会举办了"沈泊尘讽刺漫画展",这是我国漫画史上已知最早的漫画展览之一。沈能毅毕业于上海南洋公学,民国时期曾任北平《新中国报》记者,上海《新申报》《国语日报》《时报》营业部副主任。1930年以后,任财政部北平印刷局局长兼东北边防军司令官公署秘书。这个卓越而优秀的年轻人,娶了汤国梨的妹妹汤国槃,汤、沈二家,亲上加亲。

乌镇沈氏能人辈出,还有一个传奇人物沈苇窗。沈苇窗是香港《大成》杂志的总编辑,以一人之力,独立支持一本杂志二十五年。杂志"聚文史之菁华,集艺术之大成",常年拥有奇迹般的豪华作者天团:吴稚晖、王云五、李石曾、蒋碧薇、陈香梅、罗家伦、钱穆、唐德刚等,以及内地的郑逸梅、谢稚柳、钱君匋、黄苗子、林北丽、张允和、王映霞等。沈苇窗先生写过一篇《记从兄沈泊尘》的纪念文章,粗略描述了他与乌镇沈氏一脉的家承关系。

祖父右亭公子女九人,泊尘是三房长子,能毅、叔敖是他的胞弟。我父季璜公行九,娶我母徐太夫人,婚后居上海之台湾路,侄辈多住我家。我家兄弟都以"学"字排行,泊尘名学明,家兄吉诚名学谦,我名学孚。我生在台湾路,大约我出世不久,这位"明哥哥"便去世了。

第三章　夜阑灯下学吟诗

汤国梨从小是个跑过三山六码头的女子。

生于上海，迁居江阴，北上汉口，回到乌镇，汤国梨从出生到九岁的时间，行迹遍及沪、苏、鄂、浙，这真是履历丰富，也真是居无定所。

1883年9月24日，汤国梨出生在上海。汤国梨是汤其澄与邹夫人的第一个孩子，父亲给她取了个大名叫国梨，又取了个乳名叫"引官"。后来汤国梨把"引官"改为"影观"，作为自己的号，她的诗集与词集《影观集》，出处就在这里。

第一个孩子当然是宝贝，但邹夫人有点遗憾，她跟在外出做工的丈夫身边，一来是照顾他的生活起居，另一个重要的使命是为汤家繁衍子嗣。"不孝有三，无后为大"，这要是个男孩子多好啊！不过不要紧，日子长着呢，总能生男孩的。小国梨一天天长大，父母亲"引官""引官"地叫着，盼望在她之后能引来男孩，引出弟弟来。

汤国梨出生后第二年，随着父亲的工作变动，她与邹氏母亲也一起迁居去了江阴。不过两年，在汤国梨四岁时，父亲又要换工作，去汉口弟弟经营的茶叶铺任会计。江阴的家居生活才刚刚安定下来，夫妇俩决定让汤其澄单独先去，妻子女儿继续在江阴生活，待父亲在汉口站稳脚跟，再去团聚。所以，汤国梨与母亲在三年后才去汉口和父亲团聚，开始又一段还算安稳的生活。

汉口一直是个包容度极高的城市，九省通衢，南来北往络绎不绝。浙江文人叶调元旅居汉口时曾写过"此地从来无土著，九分商贾一分民"的诗句，开放、多元的文化也让在这里工作的汤其澄拥有了开明的思想。更何况他本是"湖州汤半城"后代，骨子里有着对读书学文化知识的天然信仰，这些年又在上海、江苏、湖北等地见过世面，他没有农村一般男子对于女孩儿的狭隘认识，女儿的聪明伶俐，他看在眼里，他不想浪费了女儿的聪明。所以，汤国梨七岁一到达汉口，就享受了和男孩子一样读书上学的待遇，父亲把她送到汉口当地的私塾读书，她生性聪慧，又肯用功，于是渐通文理。

既能把妻女从江苏接来团聚，又能供女儿去读私塾，可见汤父在汉口的收入算得上丰裕。据汤国梨孙女章念辉回忆：外曾祖父弟弟（汤国梨的叔父）当时在汉口怡和洋行做类似于"买办"的生意，做得蛮大，有"汤百万"之称，这也是汤国梨父亲来到汉口投奔兄弟的原因。

怡和洋行是英国人创办的。第一个在中国开辟租界的是英国人，第一个在汉口开辟租界的，还是英国人。

像英国这样的近代列强极力想打开中国的国门，以便开展对华贸易，而洋行就是对华贸易的主体。洋行是什么？其实就是欧美的公司、日本的株式会社，做生意的机构。

怡和洋行是1827年由一个在东印度公司贩鸦片的英国人创

立的，总部在香港。1843年在上海开行，曾经长期是上海规模最大的一家洋行，经营进出口贸易、长江和沿海航运、怡和纱厂（前身为杨树浦纱厂）、怡和丝厂等众多业务，号称洋行之王。

1862年怡和洋行在汉口设立分行，逐渐发展成汉口最著名、最有实力的大洋行。在汉口，怡和洋行不仅在英租界建有办公大楼和码头、仓库，还在租界外毗邻跑马场的地方建立了一大片高级住宅区，称为怡和村，通往汉口德租界的马路则称为渣甸路（今解放公园路）。

继怡和洋行后，从1863年到20世纪初，共计有十七个国家在汉口设立一百七十多家洋行，从事进出口贸易。茶与丝作为中国早期最主要的出口商品，是汉口外商垄断经营的一个重要生意。据研究，那个时期汉口每年出口茶叶达九十万担。汉口的茶叶贸易，以清末最为旺盛，汉口茶市为中国茶市之冠。外商们通过茶栈、茶庄、茶行、茶店，以各种形式采办茶叶、设立制茶工厂，用于出口。

洋行的生意极其复杂。由于市场参与者的国籍多、语言多、币种多……度量衡均不统一，在中外多方的贸易中信任度也是天差地别，这一切都需要有一个沟通的平台与中介，于是"买办"便应运而生。而汤国梨的叔叔，就极有可能是"买办"的身份。因为买办的中介生意做得好时，并不单纯是左进右出，积累了人脉与资源后也自然而然做起了自己的生意。所以，买办不仅是中介商，而且是批发商、代购商、承包商……汉口的买办最多时还分成湖北本地帮和广东帮、江浙帮。

清末政局混乱，官方无力管理市场，使得洋行在进出口贸易中自主性极强，来往几乎都由民间商业操纵完成，各国洋行上下其手、翻云覆雨，成了武汉进出口贸易的主导力量。从民间流传多年至今不绝的物品名称就可看出市场的兴旺：洋火（火柴）、洋油（煤油）、洋钉（铁钉）、洋布（进口布）、洋伞（雨伞）等。

虽然市场兴旺，但与现代的市场经济有着本质的区别。最大的区别便是市场主权的不同，租界有治外法权，中国人由于国弱只能任人欺凌。买办华商虽然人脉广赚钱多，但在与洋行做事时，也是颇受凌辱，被洋人任意压榨。如在茶叶贸易中，洋人霸道退盘、坐地割价、多方刁难比比皆是，而据史料记载此项红茶生意，除销给洋商外，别无销路，中国人只能甘受欺凌，毫无办法。

汤国梨随父母亲在汉口生活时方才七岁，对于大人世界里这样的境遇，小小的她难有体会，然而汤父必然没有少受这样的窝囊气。工作繁忙，心郁气闷，深感屈辱却为生活所迫的感觉，时时摧残着像汤其澄这样的普通中国人的身心，这也许是汤父早逝的重要因素之一。总之，在1891年汤国梨九岁的时候，父亲抛下妻子儿女，因病逝世了。寡母孤儿，一家四口，总不可能由叔父养活，邹氏母亲只好带着孩子们回到乌镇，回到有家族根基的故乡。此后的十多年时光，一直到汤国梨二十三岁去上海读书之前，她都是在这个美丽的江南水乡小镇——乌镇度过的。

现在的乌镇，由于旅游、国际戏剧节、世界互联网大会而蜚声世界。清末民初汤国梨生活着的乌镇，还仅仅是一个恬美幽静的水乡小镇，汤国梨跟着邹氏母亲，还有妹妹汤国槃、弟弟汤国棠，一起住在沈氏母亲的家族中。

沈氏家族是乌镇大族，世代冶业。现在到乌镇旅游的每一位游客，还能在西栅景区内看到那一口威风凛凛的天下第一锅，铸铁大锅开着大口宣示着沈氏冶坊过往的辉煌。

在乌镇，历史上的沈亦昌冶坊不只留下了那一口锅，还留下了一座石桥——冶坊桥，纪念冶业在这座水乡中曾经的存在。

冶坊桥原来叫咸宁桥，位于乌镇西大街中段，跨西市河南北而建，北通西栅大街，南连秀水廊。桥是一座梁式三孔石桥，桥面比较狭窄，仅由三块不宽的长条石铺成。桥的两侧置有搁空栏石，两块傍着望柱砌有抱鼓石，上面雕刻着精美的花纹。咸宁桥原来是一座木桥，后来改建为石桥，改建年代久远，已无从查考。因为以前桥南块开有众多冶坊，所以又名冶坊桥。

乌镇的冶坊追根溯源，都是沈家的家族从炉头（现龙翔街道）发展过来的。当时，各家冶坊不仅生产钟鼎、香炉、蜡台等生活用品，甚至打仗用的前膛炮和炮弹也在这里铸造，冶坊桥见证了乌镇那一段辉煌的"工业"历史。

乌镇老街呈"十"字布局，把全镇一分为四，以东、南、西、北四栅称呼地理区域。南栅老底子又分四坊，由南至北分别是青龙坊、凝秀坊、永兴坊、永安坊。南北向的市河原叫车溪，分出东西青镇与乌镇，分别属于桐乡、乌程两县。为什么叫车溪呢？原来，市河两岸农田肥沃，依靠此河灌溉农田的水车尤其多，在河边列列成阵，蔚为壮观，故连河也被称作车溪。《乌青记》中记载，随着宋朝"坊郭法"的推广，车溪两岸沿河房屋建筑逐渐增多。原因应该是家有居室可以有所在地的户口，类似今天的"学区房"可以有入学的资格，"坊郭法"让不少有

第三章 夜阑灯下学吟诗

"坊郭房"的人拥有了"城市户口",有了这个"城市户口",据说可以以税代役。故车溪河两岸,农田渐少,住宅渐多,建在河边的房子,由于要避免湿气侵袭,还形成了水乡建筑特有的水阁形制。

汤国梨一家住在南栅河东宋堡弄口,是一幢三开间二进的宅院。名闻远近、历史悠久的沈亦昌冶坊就在弄内,据老乌镇人说,汤氏故居在抗日战争之前屋舍犹存。

汤国梨身为汤家长女,虽然父亲的家族在动荡的年代中渐渐败落,但父母开明,这些年来一直走南闯北,跑过码头见过世面。父亲在世时,汤国梨可以去私塾读书,一个女孩子能去接受教育,比同时代的许多同龄人幸福。曾经她以为这样幸福的日子能一直过下去,但天有不测风云,这一切的幸福、快乐随着家中顶梁柱的折断,都不可能再继续了。九岁失怙的汤国梨,跟着邹氏母亲回到乌镇,汤家姐弟失去了父亲,却多了一个沈氏母亲。作为大夫人的她,对这三个孩子视如己出,沈氏家族对这两个寡妇,三个孩子,也多有照顾,平凡而宁静的日子,就像小镇运河水一样,一天一天地流淌着。

年幼而懂事的汤国梨,勤勉地帮助寡母操持家务,照顾弟妹。她心里知道,虽然沈家母亲很好,沈家的舅舅们对他们也很好,但这样的日子,终究是寄人篱下的。沈氏虽然是殷实大家,但毕竟自家姓汤,寡母孤儿寄居在此,靠接济度日。夜深人静的时候,她就特别怀念从前与父亲在一起的日子,更怀念天天能上学有书读的日子,但是她知道,身为女子,哪怕再有向学之心,今天的条件也再不允许她进学堂了。

随着不能读书的遗憾在心里一天比一天强烈，要强的汤国梨悄悄地开始自学。受经济上的限制不能再上学，汤国梨就白天做针绣贴补家用，晚上悄悄地灯下苦读。她依靠那两年私塾教育的功底，拿起《康熙字典》，开始一边查字典一边研读《白香词谱》和《诗韵》，一到晚上她就沉浸在文字与古典诗词的世界里。晚年汤国梨曾说："我的自修靠一部字典，学诗是一部《诗韵》，学词是一部《白香词谱》。"指的就是这个时期的经历。后来成为影观词人、诗词大家的汤国梨，最初的浸润就是从这童年的夜阑孤灯下开始的。她一生作诗填词无数，那些杳渺幽远的文字，其感兴创作，全部来源于内心的情感自发与时代的生发使然。这使我想起《红楼梦》中的香菱学诗，香菱向黛玉讨教作诗的学问，又从黛玉那里借了许多的诗集去读。"回至蘅芜苑中，诸事不顾，只向灯下一首一首地读起来。宝钗连催他数次睡觉，他也不睡。宝钗见他这般苦心，只得随他去了。"不多久，她便能作出大观园中众姐妹们都夸赞的咏月的好诗来，"精华欲掩料应难，影自娟娟魄自寒"，命运的曲折与生活的困顿，是阻拦不了一颗真正热爱诗词的灵魂的。

汤国梨一生怀念乌镇，她少女时代写过的小诗《棹舟》："春水鸭头绿，夕阳牛背红。瓜皮渔艇子，棹出小桥东。"写的是乌镇薛家桥的景色，"鸭头绿""牛背红"画面感极强，"瓜皮"是小艇，小桥就是薛家桥。短短二十个字，清新、灵动，让人回味无穷。薛家桥现在还在，只不过已经移建到乌镇植材小学的校园里，成为校园一景。汤国梨很喜爱这座乌镇的小桥，她还在一首词《忆江南》中写道："青墩好，残暑夜来消。芦叶渡头风瑟瑟,蓼花洲畔雨萧萧。秋在薛家桥。"小镇秋景,令人沉醉。

一方水土养一方人,江南本是风雅之地,乌镇更是自古文化昌盛。自梁代昭明太子随老师沈约在此设馆读书至今,人文荟萃,风雅历经千年而不衰。明代宣德年间就有读书人结社"九老会",开了乌镇文人结社的风气,有位浮澜先生壶敏就是"九老会"重要成员之一。浮澜先生晴耕雨读,还热心慈善,为家乡修桥铺路,现在乌镇有一座小桥名为浮澜桥,就是百姓为纪念他的善举而命名的。正因乌镇之地文风泽润,家家重视读书,所以历代文人辈出。

即使沈家冶业兴盛,以商为本,沈家子孙还是文人辈出。沈氏家族许多人出外做官、经商,寓居上海、苏州等大城市,即使留在家中治理家族生意的子孙们也属儒商一脉,致富不忘回报乡梓,沈家人世世代代为乌青两镇做过许多的慈善事业。其中尤以沈善保办学,对家乡贡献巨大,泽民良深。最著名的是他创办的乌镇植材小学,百年来桃李兴盛,遍布天下,走出了茅盾、木心、严独鹤等众多近现代的文化大家。

这乡镇里有的是河道。镇里人家要是前面靠街,那么,后面一定靠河;北方用吊桶到井里去打水,可是这个乡镇里的女人永远知道后房窗下就有水;这水,永远是毫不出声地流着。半夜里你偶然醒来,会听得窗外(假使你的卧室就是所谓靠河的后房)有咿咿哑哑的橹声,或者船娘们带笑喊着"扳艄",或者是竹篙子的铁头打在你卧房下边的石脚上——铮的一响,可是你永远听不到水自己的声音。——茅盾《大旱》

这是从乌镇走出去的茅盾先生乡愁里的水乡，也是汤国梨怀念了一生的家乡。在乌镇度过的青少年时光，对汤国梨一生影响巨大。

水利万物而不争，这是水的随形就势与包容万物；水滴石穿而无形，这又是水的力量与坚韧。水乡之人，往往与水情性相通，至柔至强。江南水乡对于茅盾、对于汤国梨等儿女们，在性格上的润泽与滋养，于此得以极好的证明。

聪慧而敏感的汤国梨，并不满足于夜阑灯下的独自苦学，她悄悄在心内立下志愿：只要有一丝机会，我就要再进学堂，再去好好地读书。

第四章　一任旁人窥冷眼

汤国梨渐渐长大的时代，正是西学东渐和维新思想之风日渐吹遍中国大江南北的时代。晚清，科技发达的西方列强船坚炮利，不由分说地轰开了自诩"天朝上国"的中国的大门。那时的中国，仿佛是一个长年深居古宅名园中的大家闺秀，陡然被粗暴野蛮而身强力壮的武士破门而入，吓得目瞪口呆，手足无措。看着他们在家中长驱直入，翻箱倒柜，毫无一丝还手之力，也无一点应对之法。

这样的境遇，使得中华有识之士纷纷警醒，思考探索，中国为什么挨打？中国怎么了？中国怎么办？变法救国、洋务救国、教育救国、实业救国……总而言之，中国要改变！清光绪三十二年（1906），清政府颁行新政，废除科举考试，鼓励新学。

新学与西风，对于传统中国的冲击是全方位的。不仅仅是读书人面临的新旧学制不同，读书人没有了科举这一条学而优则仕的道路，倒逼着把视野向着更广阔的天地转变。因为穷酸书生不能再指望会作几篇八股，就能"治国平天下"了，十年寒窗、满腹经纶的学问，还是打赢不了洋人，拯救不了国家。鲁迅先生说"人生最苦痛的是梦醒了无路可走"，但无路可走也终究要走，世上本没有路，走的人多了，也就成了路。

于是，读书人开始或办报卖文赚取稿酬，或入新学堂留洋深造，或弃儒经商兴办实业，甚至投笔从戎走向革命。新的时代开始了，中国的一潭死水，开始活了。

开始活了的，不仅是广大读书人的世界，更有几千年以来一直被包裹着的密不透风的女性心灵，她们的自由与民主意识，忽然间就像被春风吹开了百花一样，被吹醒了。教育权、恋爱权、参政权……这些词语，变得越来越耳熟能详，深入女性特别是知识女性的心中，社会风习渐渐开放，女子开始要与男子争平权。不再任人摆布，不再成为男子的附庸，不再被包办婚姻，成了那个时代许多知识女性的坚定信念。

出走，对于那个年代的青年女性来说，是一个充满召唤的有魔力的词语。对于从小见过世面的汤国梨，对于心中已种下一颗读书种子的汤国梨，出走，这个念头更是强烈地在心中生发出来。要想让她与小镇上普通女子一样，到了年龄，择一户人家嫁过去，然后劳作、生子、老去……那是不可能的。

故乡乌镇再好，也已拴不住汤国梨志存高远的脚步。舅舅沈善保家中有藏书，常推荐书给汤国梨，她内心的世界越来越广阔，心里渴望求知、渴望新世界的愿望越来越强烈。走出乌镇，去上海求学，成了那个时期汤国梨最大的理想和愿望，这是她人生中第一次掌握命运的主动出击，非同凡响。

她要出走，她要去读书。

读书求学的种子，在汤国梨的心底生根发芽。乌镇有学校，自古文脉兴盛，小小一个水乡，翰林第有两个，读书处有三个。而且那时候，茅盾读过书的立志书院，日日书声琅琅；舅舅沈善保创办的植材小学，也已经是新风吹拂，风气大开。

但是，乌镇没有女孩子读书的地方。后来成为中共"一大"卫士的王会悟，就曾经有过被立志书院拒绝的经历，而转身去读了嘉兴女子师范学校。小镇风气毕竟闭塞，这点就比不上近在几十里地之外的湖州南浔，因为辛亥元老张静江家的开风气之先，有了女学，还聘了石门县里嫁过去的才女徐自华为校长，连女革命家秋瑾都在那里当过教师。

那个时候，清朝统治已岌岌可危，革命浪潮此起彼伏，正所谓"山雨欲来风满楼"。1905年，中国同盟会成立了，光复会也早在江浙地区活动，资产阶级革命运动日渐兴起，新式学堂和革命报刊也纷纷创办，许多有识之士都投身到革命潮流中去。小小的乌镇当然也受到冲击。这一切，更加震撼了本就胸怀大志的汤国梨，她认为自己应该学习知识，与男子一样报效祖国，不能再固守于孤陋寡闻的水乡小镇了。

光绪三十一年（1905），汤国梨二十三岁了。对于女大当嫁，汤国梨已经抗争世俗好几年了。因为按常规，二十三岁的姑娘，早就女大当嫁了。但她是个内心有主意的人，当然不能走上这一条道路。她要出走，要读书，绝不能一脚踏上乡里大多数女孩子走的那一条寻常路。下定决心的汤国梨，终于鼓起勇气把心中的想法告诉了两位母亲。她要冲破女性闺阁的藩篱，她可以不谈婚论嫁，但她不能不读书，她要谋求独立自主的人生。

汤国梨是幸运的，两位母亲的开明远超普通的乡村妇女，她们理解女儿渴望到上海去，进新学堂求学的愿望。但现实的难题是，求学需要一笔可观的经费，而她又依靠舅父度日，并无余钱，这如何是好。思虑再三，她抱着一丝希望向舅父提出自己的想法，希望得到舅父的帮助。深明大义的舅父沈善保看着这个聪慧而坚定的姑娘，点头同意资助外甥女到上海务本女学读书。就这样，汤国梨来到上海，踏上了新的人生征途。汤国梨是幸运的，能让女孩子到上海去读书，在当时乌镇这样思想意识略显陈旧的小镇，是很罕见的事。

就这样，在开明舅父沈善保的支持和资助下，汤国梨终于走出乌镇，只身来到上海，顺利考入了设在上海西门的上海务本女学师范科。

奔向上海的汤国梨，开始走向独立，迎来命运的革命。

中国女学的风气之先，首在上海。林纾的《闽中新乐府》诗云："兴女学，兴女学，群贤海上真先觉。"早在1898年，经元善在上海开办经正女学堂，拉开了近代国人自办女学的序幕。虽然经正女学只存在了短短两年，但毕竟是春雷一声，近代女子教育的世界再也不平静了。

1902年，上海吴馨在私塾的基础上，创办了务本女学，这是中国创办的第一所真正现代意义上的女子学校。凡是上海世家的女孩子，都喜欢到这所女学读书，这所学校培养出了不少的妇女社会活动家。

1905年秋天，二十三岁的汤国梨，摒绝媒妁，毅然来到了上海务本女学。在当时那个年代，在这个相对封闭的江南小镇上，一个原本已届婚龄的女子，敢于与世俗挑战，走上了一条追求自由、到大上海学习深造之路，这样的举动可以说是一件惊世骇俗的事情。

第四章 一任旁人窥冷眼

对于婚嫁之事,她日后回忆说:在和太炎结婚前,曾由我母舅介绍一留法后归国的唐姓青年议婚……当时男婚女嫁,还是父母之命、媒妁之言的老章法。在未确定前,我亦并未表示意见。迨有一内眷以阿谀口吻谓:"如无舅舅关心,将不易觅到此既有财产,又有文采的好对象。"我听了很气愤,觉得这是令人难堪的讽刺。

从小经历家庭变故,看到过世态炎凉的汤国梨一直自强自立,颇有主见,甚至自尊得有些敏感。在晚年写给孙儿章念驰的信中,她念念不忘早年追求读书的辛苦:"我早年丧父,而好读书,在旧时代女子都少读书,我是靠一本字典努力自修的,八岁时读过几首唐诗,依着这一点到二十岁左右学作诗。"

那个时代,能冲出家门去上学的女孩子,大都付出了异常的努力。

如汤国梨的同学袁希浩,不甘心做旧式的贤妻良母,毅然选择与"胸无大志又缺乏实干精神"的丈夫脱离关系,并在离婚后冲破阻力,前来务本女学读书。

又如,后来因鲁迅一篇《记念刘和珍君》而饱受抨击的杨荫榆(鲁迅先生讽刺她是"广有羽翼的校长")也是汤国梨在务本女学时的同学。她当年的求学之路也异常艰辛。杨荫榆幼年被许配给一个低能、有智力残疾的少爷,她拼力挣脱了这一不幸的婚姻镣铐,才争取了重生的机会,而上务本女学读书,日后又成了北京女子师范大学校长。她的侄女杨绛先生日后回忆道:"听说她把那位傻爷的脸皮都抓破了,想必是为自卫。"也许真是这次婚姻的经历对杨荫榆产生了无比深刻的影响,以致后来执掌北女师时，她像个老顽固一样做出了压制女学生爱国热情的行为，以至哥哥杨荫杭感叹："申官如果嫁了一个好丈夫，她是个贤妻良母。"

与汤国梨前后期同学的，还有张謇的女儿张敬庄、张通典的女儿张默君，以及舒惠珍、谈社英、边境宏、范天德、沈仪宾、余庆裳、崔正华等后来在近代女权运动中的风云人物。

这里提一下张默君，她在汤国梨的命运中很重要。相比其他人，张默君是相对幸福的女学生。张默君出生于湖南的一个书香门第，其父张伯纯为前清举人，曾协助曾国荃督办两江学务，后加入同盟会，辛亥革命后任临时大总统秘书。其母何懿生善诗词，有"海内女师"之称。在这个开明的士大夫家庭，张默君在成长历程中一直感受着来自家庭的温情。后来正是张默君父女的帮助，汤国梨成了章太炎的夫人。

作为上海滩新式女学生的汤国梨，以万分的热情，投入这个新世界中。在学校里她一面刻苦学习，一面和同样胸怀抱负的同学们纵谈天下大事，她开始投入社会活动，并开始以"影观"为笔名在报刊上发表诗词文章，"影观"之号，虽来自小时候父亲给她取的乳名"引官"，同音之词，境界竟是如此不同，汤国梨真是一个有着慧心巧思的才女！

裹着一双小脚的汤国梨，满腔热情地投入学习与社会活动中，而从来没有离开过母亲的她，独自在上海终究也免不了对家中母亲与弟妹的思念。

所幸抱持的诗心词意，让她的愁闷、思念、孤独，都能肆意倾诉笔端。

第四章　一任旁人窥冷眼

新秋雨后,夜深漏静,她独立庭院,吟出"漏和残雨滴昏黄,萤火风飘上海棠。为爱新凉凝伫久,不知玉露湿衣裳"。

中秋佳节,月似玉盘,她作诗寄弟,倾诉亲情:"无酒亦无歌,奈此良夜何。鸱声啼古树,虫语泣残荷。风过花移影,云轻月敛波。凭栏一怅望,赢得别愁多。"

最是病中思亲恩,独自在外不免偶有抱恙,又逢清冷的寒食节,独在校中的她无比思念慈母,写《沪上逢寒食抱病校中》诗二首:

> 旅食江头火不青,飘零空系故园情。
> 沉沉心事无人问,独自搴帏望月明。
>
> 鹃啼花落感春光,作客谁怜路短长。
> 一缕旅魂无着处,相依慈母话家常。

然而,出走、成长、独立,毕竟是汤国梨笃定而无悔的选择。"一任旁人窥冷眼,自扶残醉倚晴窗",那些偶尔冒出来的小女人的细微而曲折的离情别绪,青春愁思,并不是她的主流情绪。都说女人如花,汤国梨的清洁心性,就像她名字中的梨花般洁白无瑕,她温柔而坚定的内心,就如她一生钟爱的梅花,凌霜、傲雪、孤高、独自暗香。

"不愁风雨妒,一任春来去。空尽得真空,更无枯荣虑。"汤国梨用一首《题梅花折枝图》,写出了自己坚定的信念与不变的追求。

第五章　休言女子非英物

清光绪三十三年(1907)，汤国梨在上海务本女学师范毕业了。这一年的夏天，中国女权运动中女界最猛烈的勇士——鉴湖女侠秋瑾，在家乡浙江绍兴轩亭口被清政府杀害。以一弱质女子，作革命的流血与牺牲，秋瑾为华夏第一人！

而身在上海的汤国梨，这时的社会活动焦点聚集在"保路运动"上。

1907年，汤国梨与张默君、舒慧桢等人一道，积极参加了反对清廷以"昭大信而全邦交"为借口而出卖苏杭甬铁路修筑权给英美殖民者的保路运动，她们奔走讲演，大声疾呼，只为唤醒民众，积极争取民族的权益。

保路运动是由帝国主义掠夺中国路权和清政府卖国求荣而引起的。帝国主义为了扩大对中国的侵略，十分注意夺取铁路修筑权。那时候的铁路修筑权，山东由德国控制，东北基本上由沙俄控制，法国则控制了广西龙州至云南镇南关的区域，意图与越南的河内、谅山铁路相接；美国又控制了粤汉铁路的修筑权和借款权；而英国控制了广九铁路、苏杭甬铁路的修筑权。

为什么列强如此热切地在中国修铁路呢？德国驻上海领事一语道出真相："盖我铁路所至之处，即我占地之所及之处。"什么意思呢？就是德国将铁路修到哪里，哪里就是他们的势力范围。因为一旦窃取了铁路，不仅可以利用它调运军队，镇压人民的反抗，而且可以直接控制铁路沿线的城镇乡村和矿产资源。

1907年，汤国梨参加了保路运动，成为"妇女保路会"负责人之一，也是由此，汤国梨真正迈开了革命人生的第一步。

当时浙江发生民众反抗清政府向英国借款修筑苏杭甬铁路的风潮，杭州成立了保路会。浙沪毗邻，上海为支持杭州这一运动，由章太炎、陶成章领导的光复会外围组织浙江旅沪学会，发起成立了"妇女保路会"。据辛亥老人、务本女学的教师沈瓞民先生回忆，当时上海妇女保路会主要负责人是经慧贞，"汤国梨系上海务本女学高才生，积极参加保路拒款运动，经常在愚园、锡金公所讲演，宣传保路拒款，听者激动，女界认款支持者甚众"，汤国梨也由此成为"妇女保路会"的领导人之一。

这场声势浩大的运动最终迫使清政府废除旧约，沪杭甬铁路收归商办。据汤国梨的孙子章念驰先生记述，章家至今"还珍藏她当年认购的保路股票若干张，其中一张还有她的亲笔题字"。

汤国梨从务本女校毕业后第一份真正的工作，是受聘至湖州吴兴女校，那时女学生毕业去做女学教师是大多数人的选择。汤国梨对于妇女启蒙教育，也是心有志愿的，一有机会就去任教了。

汤国梨是以第一名的成绩从务本女校毕业的，曾在学校任教的湖州籍老师汤济苍，早就欣赏这个能干而聪慧的女学生，一毕业就一力邀请她回湖州吴兴女校担任教职，汤国梨答应了。

湖州是汤国梨父亲的家乡，距离乌镇很近，但是在近代社会开风气之先中,湖州超前乌镇很多。1906年,湖州南浔张静江长兄张弁群创办了浔溪女校,聘请了石门县(现桐乡崇福)徐自华任校长,秋瑾也曾到该校任教,此举更成就了徐自华与秋瑾的旷世侠义。后来秋瑾牺牲,徐自华置生死于度外,历经千难万险将秋安葬于西湖,成就了她"大义徐夫人"的义名。

张弁群办浔溪女校不久,紧接着在1907年,湖州士绅沈谱琴捐资兴办了吴兴女校,聘请曾在务本女校任教多年的湖州人汤济苍担任校长。女学新兴,掌校与教师都需要由女子担任,方便于女学生的教学。而同时女教师资源十分稀缺,汤国梨一毕业就应邀过来任教,受到了全校师生和吴兴地方的欢迎。她很能干,教学成绩很好,又热心公务,有管理才能,在学校从教师做到舍监、教务长,又升任校长。汤国梨在吴兴女校前后四年时间,培育了很多人才。后来成为戴季陶妻子的钮有恒,就是在吴兴女校读书,当时还带头搞了一场移风易俗的女学生放足运动。能让女学生搞放足运动,可见汤校长的办学理念,是相当开放而进步的。

汤国梨当然是进步的,无论是小时候在汉口的经历,还是赴沪求学后的社会运动,都激发着她热切的爱国之心。但无奈政府腐败、家国不幸,使得她心如铅坠,当时她写的《依稀》诗二绝句,鲜明地凸显出她作为一个新女性,切盼能撕开黑暗时代的沉沉暗夜,寻求光明与圣火的心情:

风景依稀似去年,残灯黯黯照无眠。
愁心谁为量深浅,销尽床头买酒钱。

风景依稀似去年，虫声如雨月如烟。

可怜一带银河影，知隔云山路几千。

清末民初的兴办女学，从目标上来说，办学者的价值观也各有不同。在维新派人士看来，近代女学需要延续传统儒家的妇教思想，特别要强化对于母教的重视，正所谓"蒙养之本，必自母教始，母教之本，必自妇学始故妇学天下存亡强弱之大原也"。即"新贤妻良母"之教育。而严复对于1898年中国女学堂创办则颇有更高度的议论，他认为女学不单单要培养传统的贤妻良母，更要塑造以爱国作为道德准则的女国民。实践证明，无论是在什么价值观的驱使下，只要兴办了女学，让女子走出家门进入了学校这一个社会空间，国民精神乃至西风东渐而来的价值观熏染与革命是当然会发生的，并不以维新人士的意志为转移。

汤国梨也是如此，对于家国天下的忧患，早就深植在她心里。教育救国、实业救国，这些男人世界里的东西，也早已成为她的理想与抱负，巾帼不让须眉，为民族与国家要有作为，也是她理所当然的人生选择。

有一天，她从吴兴城郊外散步归来，放眼望四周，看到湖州水乡风物宜人，静谧春光如世外桃源一样。汤校长不是小家碧玉的心性，她是有豪情的，回到学校，她静静独酌，写下《春郊散步归来独酌》：

物外闲身百虑灰，及时行乐踏青来。

河山如画供凭吊，云鸟无心自去回。

远树绿迷孤塔影，野花红上乱坟堆。

肯教辜负春光好，收拾馀情付酒杯。

对于汤国梨来说，吴兴女校，天地还是太小了。

汤国梨选择回到上海，准备与同学友人们兴办学校。

1911年10月10日，武昌起义枪声响起，汤国梨热血沸腾。这下风景就不再"似去年"，她"愁心"顿扫，激情难抑，写下《重阳——闻武昌起义》：

无糕无酒过重阳，扶病登临兴不赊。

莫道秋光多肃杀，经霜红叶烂于花。

除了汤国梨激情难抑，革命的烈火也燃烧了另一群进步女青年的肝胆。务本女校的同学张默君、谈社英邀请汤国梨，组织发起"女子北伐队"，参与江浙联军进军南京。汤国梨后来回忆这一壮举，说："当时同学张默君、谈社英等准备在上海发起组织'女子北伐队'，邀我参加并作为发起人之一。但是经费无着落，于是我建议在安凯第组织游园会进行筹款，邀请务本女校同学及她们的亲戚参加，以高价推销入场券。同时准备许多高级饮料、纸烟、雪茄、饼干、糖果、水果、鲜花和妇女用的化妆品，还有我们当场自制的三明治，在会场中举行不定价的义卖。招待员则由务本同学担任。我的建议为大家所接受，经过筹备，游园会终于开幕。"

考察汤国梨重返上海后的朋友圈，张默君、唐群英、吴芝瑛、

第五章 休言女子非英物

徐自华……都是与鉴湖女侠秋瑾有过深厚关系的女子，我称之为"后秋瑾时代"的革命女性。秋瑾以慷慨赴死的牺牲唤醒沉沉女界，鲜血终究没有白流。

后秋瑾时代，成就的是怎样一群女子呢？

徐自华，浙江石门县（今桐乡崇福镇）人，汤国梨同乡。曾任湖州南浔浔溪女学校长，在秋瑾遇害后，冒死与吴芝瑛一起义葬，其后在上海，任竞雄女校校长。

吴芝瑛，字紫英，号万柳夫人。安徽桐城人，吴汝纶孙女。嫁无锡廉泉后居北京，与秋瑾义结金兰，助秋瑾留学。秋瑾被害后，与徐自华一起冒死葬秋瑾。

唐群英，湖南人，嫁给曾国藩的堂弟，夫早死，她追随秋瑾留学日本，加入同盟会。"烽烟看四起，投袂自题兵"，这是辛亥革命中唐群英的形象。1912年，临时大总统孙中山先生接见唐群英，赞誉她是"创立民国的巾帼英雄"，授予她"二等嘉禾勋章"。她最著名的事迹是中华民国成立后为争女子参政权，武力维权，掌掴宋教仁。

张默君，湖南湘乡人，父亲张通典，协助曾国荃督办两江学务，戊戌变法期间，办过时务学堂，也办过报纸。张通典倾向革命，早年就加入了同盟会。母亲何承徽亦通今博古。张默君幼受家学，有"神童"之誉，有人称其为"民国最强大脑"。受父亲影响，她从小滋长了革命思想，随父加入同盟会，与秋瑾等反清志士密谋进行浙江革命。在苏州可园创办过《大汉报》，随父参加光复苏州之役，一同率军攻入江苏抚署，参与策划过江苏独立战役。

这次由汤国梨提议发起的义卖游园会进行了三天，总共募集到五万多元钱。但是此时的南京已经被江浙沪联军攻克，女子北伐队已经没有存在的必要。张默君、汤国梨等人便向孙中山请示这五万元款项的用途。孙中山得知女子北伐队的情况后，非常高兴，亲自予以嘉奖，并建议说："你们这批年轻有为的女同志可以做宣传和教育工作，游园会募集的五万元，即可作为办学校和报社的经费。"

人以群分，汤国梨衷心拥护共和，孙中山担任临时大总统，汤国梨紧随中山先生。她以"女界参政"为口号，与上海一百二十多位女界名流，在1912年3月16日共同发起成立"神州女界共和协济社"，并一起上书孙中山先生："民国初立，万政更新，非全国努力无以善后，兹特联合女界各团体，组织大会，命名'神州女界共和协济社'，以普及教育，研究法政，提倡实业，养成共和国高尚完全女国民为宗旨，首当创办女子法政学校，及发刊女子共和日报。"

在孙中山先生大力支持下，"神州女界共和协济社"于1912年3月16日正式宣告成立，汤国梨任编辑部长之职，宋庆龄被选为名誉社长。"神州女界共和协济社"以妇女启蒙教育为主要任务，开办神州女学。

社团要有自己的机关刊物做宣传阵地，她们想到了已经停刊的《神州女报》，复刊办成了"民元以来鼓吹妇女参政运动的三大妇女刊物"之一，汤国梨任神州女学的主讲教员并负责女报编务工作。神州女学为民主革命培养了妇女骨干，《神州女报》更开女报界之先河，积极宣传妇女解放与辛亥革命精神，抨击时弊,产生了巨大的社会影响。

《神州女报》最初是由秋瑾生前创办的《中国女报》和陈志群主编的《女子世界》合并而来,于1907年11月创刊,其发刊词中说是为"鉴湖秋女士流血之大纪念而作",主要刊登秋瑾作品、事迹和纪念文章,以及宣传妇女解放的内容等。

撰稿人有陈伯平、吴芝瑛、徐自华等人,她们都是秋瑾生前友好,实际上是《中国女报》的延续。该报倡女权、兴女学、主张推翻清政府,创刊后"大受社会之欢迎",但由于经费严重不足,于1908年1月被迫停刊。

神州女界共和协济社成立后,复刊了《神州女报》。"以联合五族女界,普及教育,研究法政,振兴实业,提倡国货,养成共和国高尚完全女国民,协助国家进步为宗旨。"作为女界协济社的机关刊物和宣传阵地,"发挥共和,代表社会言论,导启女界政治及实业思想,鼓吹国民道德与尚武精神"。孙中山题词"发达女权""同进文明",蒋作宾题词"女界圭臬",金天翮、张通典等也纷纷写了祝词。

报纸以教育、实业、男女平权和女子参政为主要内容,杨季威写《告读书明理之女子》:"呜呼,我国女子有不生息歌泣于此黑暗女界之中者乎?有未身受男女不平等之种种苦楚者乎?"张默君的《谁说巾帼无政治才,谁谓女子服公务即废家政》一文,介绍了美国一位有名的青年女律师,不仅为警界健者,于家政仍游刃有余,以反驳那些以家事废弛为由反对女子参政的顽劣人士。此外,美国妇女选举、万国女子参政大会等一系列女权运动,以及"筹办女子工艺厂""女界之商业"等职业运动,也成为《神州女报》刊发的内容,以笔为旗,弘扬女子权利。

《神州女报》视角突破女性世界,对当时时政要闻也多有评述:1913年3月宋教仁遇刺后,姚蕙(景苏)的《桃园宋渔父先生遇害感言》、张默君的《哭宋钝初先生文》、报社全体社员的《宋钝初先生追悼歌》、张侠魂的《宋先生被刺之原因》等,以文字发沉痛缅怀哀悼之情,希望后死者继承革命先烈遗志,继续尽应尽之责任。

"天赋人权,男女同等,而知女子心理亦不甘再屈于男子专制之下",汤国梨们利用报纸,呼吁男女平权,还认为"欲权之平,必先平教育""男女学校之课程学级,胥归于一"。于是,她们改革神州女学的课程与教育活动,为民主革命培养妇女骨干。

汤国梨以一颗女子"漆室之忧"而怀天下的心,倾全部心力融进这个剧烈变革的社会中。结社、办报、办学……她与她的女界斗士们参加的所有社会活动,都是对改造社会和民主革命的呐喊。

汤国梨小小的身躯,不知道为什么有那么大的志气与力量。1912年,她还参加了"中华国货维持会",担任维持会宣讲部的成员。

中华国货维持会产生于列强环伺中国,民族产业受到西方工业强烈冲击以至国货危殆的背景下。"唤起国人服用国货,以打破列强经济侵略之政策",其宗旨为"提倡国货,发展实业,改进工艺,推广贸易"。怀着保护民族经济、维护民族权益的忧心,在1912年阴历九月二十四日晚八时召开的一次有二百多人参加的宣讲会上,汤国梨发言说:"我生平最爱国货,但一人之力，能有几何？尚望男女同胞共图进行，更望巨号大铺多备国货，以期推广。"

她利用自己《神州女报》编辑部负责人之力，组织刊发《女界之商业》一文，介绍中华国货维持会会员俞植权女士创办的实业公司，公司宗旨"专在国货培植女子生计"，提倡女子也要加入实业救国的行列中来。

此时期的汤国梨，满腔热忱与干劲，为了争取新女性的权利，为了唤起中国女子潜埋了几百上千年的作为"人"的权利意识，奔波呼号，无暇他顾。她注定不是池中之物，她注定是在时代中发出声音的风云女性。新女性，自己是自己的主人，立定本心，他人只是耳边一阵微风，与我无关。"兴酣落笔书无法，酒后狂歌不择腔。一任旁人窥冷眼，自扶残醉倚晴窗。"(汤国梨《酒兴》)

身为教育家、社会活动家的汤国梨，已经呼之欲出。这样的汤国梨，与同时代的吕碧城、张默君、何香凝比也毫不逊色。

这个从水乡小镇走向风云上海的汤国梨，一双小脚，一腔豪情，铿锵玫瑰一般，行走在近代革命的天地间。小小身躯，大大能量，风云际会中，真命天子也即将降临在她的生命中。

第六章　淑女必为名士妻

汤国梨靠着一双小脚，在上海滩东奔西走，忙得风生水起，似乎一点也不在乎女大当嫁这回事，但她身边的人坐不住了。

首先是舅舅沈善保，作为汤国梨的母舅，他对这个聪敏果敢的后辈一直欣赏有加。在乌镇待字闺中的时候，依照旧时乡下惯例，他已替她物色过夫婿人选，奈何汤国梨倔强，一心要读书，他也觉得这个外甥女非池中物，故热心资助她赴沪求学。现在眼看着毕业了，她又是立社团，又是办报刊、办学校，忙得不亦乐乎，女子转眼三十了，再不加紧，真要误了。正巧有一次，沈善保与正在上海《民立报》任美术编辑的侄子沈泊尘谈起此节，沈泊尘说报社里都在说一件事，就是"国学大师"章太炎先生要续弦，孙中山、张通典等一众人都在替太炎先生物色合适的女子，连袁世凯、黎元洪都在为此事用心。沈泊尘与汤国梨自小要好，他跟伯伯说，你说我们家引官配太炎先生如何？

沈善保眼前一亮，太炎先生名满天下，学问渊深，人品道德都是一流，配汤国梨当然极好。只有一样，这太炎先生的性格很是古怪，用乌镇话说有点"神经兮兮"，不要是个"呆头女婿"哦！

但沈泊尘不这样想,他与汤国梨交往多,比伯伯更了解这个堂姐,他常把自己的画作送与汤国梨赏析,这个时期汤国梨为之题诗的泊尘画经常见之于报端。如有《题泊尘画》诗:"一树高梧报早凉,小庭闲杀竹方床。秋心窈窕无人问,自撷幽花理晚妆。"又有《题沈君泊尘画》诗:"敛恨推篷倚月明,琵琶不抱亦多情。苍霞断雁秋萧瑟,一片浔阳江上声。"1912年,章太炎在上海创办中华民国联合会机关报《大共和日报》。沈泊尘受聘该报附设的"石印画报"编辑,至此,泊尘的各种画作见之于这份知名刊物,各式漫画也由此创作。

沈泊尘了解汤国梨清雅高洁、目高于尘的精神世界,以及她对于学问的孜孜以求。他知道了丧妻十年的章太炎有续弦之意,觉得堂姐与太炎先生之间一定会相互欣赏。他马上提供了汤国梨三十未嫁的信息,委托张默君向她父亲张通典问询。张通典得知,觉得此事可为,女儿的这个好朋友,他是了解的,这一桩"学问加革命"的章汤联姻十分合适。张通典一刻也没有耽误,把此事向章太炎做了介绍。

对于汤国梨,也算是这几年上海滩上的风云女杰,章太炎并非完全陌生。他提笔写了给汤国梨的第一封信:

志莹女士左右:

昨接电,述张君伯纯示语,知左右不遗葑菲,诺以千金,不胜感忭。江左、浙西文学凋散,荐历岁年,赖左右昌明诗礼,为之表仪。不佞得以余闲,亲聆金玉,慰荐无量。迩来人事烦忧,劳于征役,自沪抵鄂,又几二旬,诸所规谋,未能大定。黎公属赴燕都,有所箴戒。以规为瑱,又在意中。亦因官事便蕃,宜有措置。幸而克济,东隅保障,不敢不勉。若佞谀阻梗,且作别图。握手之期,当非甚远。先上约指二事,以表璞诚。临颖拳拳,不胜驰系。初夏气暖,动定自卫。

章炳麟鞠躬
五月二十六日

张默君自己的爱情与婚姻历经坎坷,所以对于好友的终身大事格外重视。她希望汤国梨能顺顺利利,得到圆圆满满的幸福。从父亲处得到章太炎的信,她立刻给汤国梨送来。太炎先生名满天下,汤国梨自然不会陌生。她记得还在务本女校读书时,就有幸听过太炎先生的演说,先生过人的智慧、雄辩的口才、满腹的学识,无一不让人对其产生崇拜与景仰之情。但从前这只是一个后学对于前辈的仰视,一个学生对于先生的敬佩,汤国梨从来没有站在一个女子考量男子的角度,审视过太炎先生。今天,张默君带来这样一封信,先生的确学问淹通,文采真好,真是"不读诗无以言"。"不遗葑菲",《诗经》之语:"采葑采菲,无以下体。"真是谦虚,她哪敢对先生有嫌弃之心?

然而,要做这样一个革命家、学问家的妻子,需要相当大的勇气。尤其是站在一个女子的角度,看名满天下的章太炎,其实可以说是一个"病人"。

章太炎出生于仓前镇,清代属杭州府余杭县,在杭州以西二十公里,是历史悠久的古镇。南宋绍兴年间,此地街北建有便民仓,故称仓前。江南古镇常依京杭大运河而兴,仓前亦是如此因水而生,余杭至杭州的一段运河为余杭塘河,紧靠天目山余脉,山水相嵌,滋润得小镇幽美。

仓前章氏,是文化大家、汉学世家。章太炎曾祖章均,"承累世业绪,废居田畜,资产至百万,入县学为增广生,援例得训导,教于海盐儒学"。返乡后又兴办书院,置田办义庄助学,造福乡里。

祖父章鉴,喜藏书,通医术。"蓄宋元明旧椠本至五千卷,日督子弟讲诵""以妻病误于医,遍购古今医家书,研究三十年",后"行医为活"。章太炎精通国学与医学,跟这位祖父大有关系。父亲章濬,曾为杭州知府幕僚,后为诂经精舍监院,太炎正因这一层关系,才师从诂经精舍俞樾求学的。

章太炎母亲家海盐朱氏,亦是书香世家。外祖父朱有虔,汉学造诣颇深,章太炎幼承庭训,跟从外祖父读书,他曾说过"外王父海盐朱左卿先生讳有虔来课读经……课读四年,稍知经训"。

章太炎1869年降生,这一年,俞樾先生赴杭州诂经精舍主讲。精舍位于杭州西湖孤山,左边是三忠祠、右边是照胆台,俞樾主讲精舍,不为科举应试,只重研究经义。1890年,太炎二十三岁时,父亲去世,他承父亲遗训,离开仓前,沿余杭塘河东行杭州,拜在俞樾先生门下七年,研习群经诸子,"治文字声韵训诂之学",为日后的"章学"奠定了基础。

章太炎二十五岁时,有了第一段"婚姻"。章士钊在《柳文指要》中写过:"太炎幼有癫疾,家人不为娶妻,遂私婢而得。"太炎所患之"癫疾",史载为癫痫病,所私之婢王氏,据说是母亲的婢女。因当时家乡人都说章家小伙子,学问虽然好,可惜是个癫痫病，无人敢把女儿嫁给他。眼看年纪越来越大，母亲就把身边婢女指给他了。这第一次婚姻，并无正式迎娶，所以年谱中太炎自记"纳妾王氏"。但他后来也并没有另外娶妻纳妾，他与王氏生育了三个女儿，取了三个古奥的名字。长女章㸚(lǐ)，次女章叕(zhuó)，三女章㠭(zhǎn，"展"的古字)。1902年，王氏去世，太炎把长女和三女接到日本同住，次女因过继给兄长，未带往。

这次章太炎起念再娶，距王氏病逝已八九年时间，中华民国刚刚成立，他已四十多岁，名气已极大，是个受全中国注目的独身男士了。

癫痫，只是章太炎身上的一种生理毛病，他还有学问家的"春秋贵族人格病"。这是从震惊中外的"苏报案"中诊断出来的。

1903年夏，章太炎在《苏报》醒目位置刊登《驳康有为论革命书》，批驳康有为保皇立宪，还说"载湉小丑，不辨菽麦"，以轻蔑的口吻骂光绪皇帝为"小丑"。同时，他又大力推荐邹容写的《革命军》。这本两万多字的小册子，是中国近代史上第一部系统地宣传革命、主张建立民主共和国的著作。太炎盛赞此书是"今日国民教育之第一教科书"，太炎先生一支笔，影响极大。慈禧太后大为震怒，以"劝动天下造反""大逆不道"等罪名将章太炎逮捕，章太炎时在爱国学社，巡捕来时，他说"余人俱不在，要拿章炳麟，就是我"，来人将他戴上手铐捉去。邹容开始藏于虹口一外国传教士家中，被带到工部巡捕房的章太炎，竟然给邹容写了一封信"以大义相招"，时人也以"章某已入狱，尔不入狱，为无耻"发言论，邹容于是毅然自动投案，"以大义来赴"，与章太炎誓共生死。邹容与章太炎此举，是承春秋义战遗风。像章太炎、邹容这样主动投狱，主动赴死的行为，是中国人的"贵族气"，春秋之后已然鲜见，所以称之为"春秋贵族人格病"。这样的舍身赴义，痴则痴极，却令人震撼！邹容后来病死在狱中。于是此案后，世人皆以"章疯子"称谓章太炎。"苏报案"出狱后，章太炎即东渡日本，直到武昌起义才自日本回国。

回国后的章太炎，深忧辛亥革命是个早产的婴儿，他希望横空出世之英雄如孙中山、如袁世凯……是像华盛顿一样的极富建设新世界能力的英雄，而不要是像拿破仑一样的只会打江山，否则中国危矣！这时候的章太炎，继"春秋病"后，又发作了一种"政治目盲症"。

为什么这么说呢？因为辛亥革命后的章太炎，否认孙中山先生的《临时约法》，更多将中国之希望寄予袁世凯。身处当时中国，对于袁世凯，又何独章太炎存此想法？

西方国家看好袁世凯，把他当成世界上最伟大的政治家之一，晚清时载涛等出使欧洲时，就被外国代表公开质问清政府为何不重用袁世凯？

革命党人看好袁世凯，袁在洹上隐居时，就有很多革命党人绕远道去拜访他，并表达出希望他支持革命的愿望。孙中山、黄兴、汪精卫、黎元洪都对袁抱有好感，承诺只要他能让清帝退位，就拥立他做民国第一任大总统。

立宪派诸人也看好袁世凯，张謇写信给袁世凯说："甲日满退，乙日拥公。"

被赶下台的隆裕太后对袁世凯竟然也很感叹，说只有他费心为他们孤儿寡母争取优待。袁甚至哽咽地对太后说："好好教育小圣上，有朝一日或能重振……"对太后与小皇帝，他抚慰与恐吓双管齐下，边哭边拿法国革命时路易十四上断头台这样的事吓唬隆裕。当时满臣良弼的宗社党刚能给清政府一点支持的力量，就被革命党彭家珍暗杀了，据史传说，这次暗杀袁世凯也脱不了干系！

不得不说，这袁世凯真好手段！民国初立，袁世凯因人设位，给太炎先生封了个东三省筹边使。东三省当时基本还是一片荒蛮，消息闭塞，百姓散处草野，基层几乎没有政权，"筹边使"自是无边可筹。袁世凯行此举，自然是因为章太炎学问大，名气大，资格老，脾气犟，说话无所顾忌，满世界大发言论。袁世凯初定大局，怕他弄出什么乱子，故意把他打发到关外去。

章太炎对袁世凯失望，甚至大闹总统府，那都是后来的事了。而对于黎元洪的认可，则没有变化过。他在湖北见黎元洪时，见到其朴素节俭，大生好感，由此奠定了章太炎对黎元洪一辈子的好感。

所以，这是"政治目盲症"，章太炎对于袁世凯与黎元洪的偏信、对于孙中山的偏见，都源自于自视甚高与自恋甚重的书生通病。政治，是最不适合读书人的领域，而此时期的太炎先生，却是满腔书生报国之志，要在新成立的中华民国大展宏图的。数年间，他南下北上，四处奔波，从不考虑个人婚事。

他不考虑，旁人却都替他着急，纷纷劝进。章太炎一生坚持己见，卓尔不群。所以在个人婚姻问题上，太炎先生见解也非同寻常。毕竟他学问满腹，名满天下，又是革命元勋，东三省筹边使,那是真正的封疆大吏,名副其实的"高干",正当盛年,何愁无紫燕来归。他说:"人之娶妻当饭吃,我之娶妻当药用。"他不要娶一个为他柴米油盐生儿育女的平常妇人,他要娶一个为他纠偏补弊、养他健他调理他的"药妻"。

而汤国梨女士,年已三十,这么多年当嫁而不嫁,可见也是个内心主意极大的人。

果决、要强如她,仅因亲戚一句暗含鄙薄的话语,即免谈婚事。这与她童年跑过码头见过世面有关,更与她"庶出"的身份和自小寄人篱下的经历有关。"一定要争气",才女汤国梨果然气概非常。据说后来还有几位上海滩上的才子,亲笔写了情书、求婚书之类书信,托亲戚等送来,汤国梨随意看了两三行,即纳入原封退还。干干脆脆,爽爽利利。

最终,汤国梨的命中姻缘还是到来了。好友张默君带来国学大师、革命家章太炎的书信,问是否应见面谈谈,再做定夺?汤国梨果决回道:我自己没有反对,就是同意,没有见面的必要。

终身大事,或拒或迎,断然一语,斩钉截铁,汤国梨真巾帼丈夫气也。

章太炎在他的自定年谱中也只有非常简洁的五字记述:"汤夫人来归。"

坚定,干净。

这两位,真是天作之合,水到渠成。

对于答应嫁给章太炎,汤国梨后来是这样回忆的:"关于择配章太炎,对一个女青年来说,有几点是不合要求的。一是其貌不扬,二是年龄太大(比我长十四岁),三是很穷。"但是,最终汤国梨还是同意了,因为她觉得太炎先生"为了革命,在清王朝统治时期即剪辫示绝,以后为革命坐牢,办《民报》宣传革命,其精神骨气与渊博学问却非庸庸碌碌者所可企及"。此外,"我想婚后可以在学问上随时向他讨教"。

一个把对方当先生,一个把对方当药用!章太炎平生自认医术最高明,有"病"而不自知,他娶妻选择了汤国梨,倒真是为自己选择了一剂灵药!

第七章　梁鸿得配孟光贤

1913年6月15日,上海滩上最时髦的哈同花园里,正在举行一个盛大的婚典。有一个闻名全国的"疯子"今天在这里娶妻,婚礼前一天,《民立报》发布婚讯,章太炎与吴兴汤国梨将在6月15日于"哈同公园举行结婚礼,并卜居于北四川路长丰里二弄弄底,即神州女学前址,闻嘉礼(后)尚须小作勾留"。

民国二年(1913),国事纷繁。袁世凯逼退清帝,得到了孙中山承诺的临时大总统之位,但诸事艰难,新生的民国像个不足月份的"早产儿"一样,怎么看怎么不健康。对于袁大总统来说,议会内阁制与袁大总统想要的天下号令出自总统的理想冲突严重;国家财政比刚洗的脸还干净,全国上下军民各处伸手向总统要钱的比什么都多;想跟外国银行借款,又不得不答应各种霸王条款,比如出让铁路权等卖国行径……章太炎对袁世凯也由从前的推崇变得越来越失望不满,但他对南方的孙中山与黄兴也不信任。此时的他,看好的是黎元洪,说他是"民国斗杓",功高大舜、让如周义,这个黎元洪在章太炎的心中,就如日月放光芒……而这个太炎先生心中的"世之贤哲"却总是不肯出山,章太炎认为黎是"仁德"之心,不愿让袁首难做,最好让袁世凯能显"圣君"气象,那他黎元洪必定不计得失,为民国驱驰,鞠躬尽瘁。这是章太炎为国家最高层操的心。

而在共和党与国民党之间，章太炎也日夜忧虑。袁世凯正是利用了太炎先生的这个心理，授意共和党发布"党势孤危，须请太炎先生北上来京主持党事……"因为袁世凯捏准了章太炎的脉，以章太炎的胸中大志，不能不答应这样的"请求"，为平定两党的纷争，为底定天下的事业"不可不为张目"。

他刚刚南下，已计划好北上。所以与汤国梨的这个婚，真是百忙之中抽空结的。

当时《民立报》在6月10日发布的《会稽苕水结朱陈》报道中就说："因章君到沪之便，决先成婚后携眷偕往。特于初四日离京，初八日抵申。章君对于婚事力从简省，其致介绍人张君伯纯函，有此次拟取急式婚礼，俾可早日首途。闻汤女士亦系学识迈群，不事花费，故已双方允洽矣。"敢情他早就想好婚后即刻北上的行程，不同的是，两个月后，汤夫人并没有如计划中的随行而已。

婚礼时间匆匆，规格却高。不仅地点选在上海滩著名的哈同花园，孙中山、黄兴、陈英士等民国高层亦悉数到场致贺。证婚人是新人的浙江老乡蔡元培先生，所宣读的婚书词华典赡，是太炎先生亲自撰写：

盖闻梁鸿择配，惟有孟贤；韩姞相攸，莫如韩乐；泰山之竹，结箨在乎山阿；南国之桃，蕡实美其家室。兹因章炳麟君与汤国梨女士，于民国二年六月十五日举行婚礼，媒妁既具，伉俪已成；惟诗礼之无愆，乃德容之并茂。元培忝执牛耳，亲

第七章 梁鸿得配孟光贤

苾鸳鸯,袗以齐言,申之信誓:佳偶立名故曰配,邦媛取义是曰援。所愿文章黼黻,尽尔经纶;玉佩琼琚,振其辞采。卷耳易得,官人不外乎周行;松柏后凋,贞干无移于寒岁。

孟光梁鸿,美其室家,桃李之姿,松柏之德……太炎先生对于这段婚姻,充满了深深的期许与愿景。才子狂狷、丈夫大志,终究是希望一生得一良人,举案齐眉,相互扶持,甘苦与共,携手白头。

现在我们可以看到章太炎与汤国梨结婚的现场照片,章太炎穿着西装皮鞋,头发自左至右三七分,汤国梨穿白色婚纱手捧鲜花,她的右侧是两个同样拿着鲜花的女童。你若仔细端详,太炎先生脚上那一双崭新的皮鞋,总是越看越别扭。后来才知道,对于生活几乎无知的章太炎,竟然新婚之日把一双鞋子的左右脚穿反了。

这样的新郎,这样的婚礼,真是太"章太炎"了!

虽然太炎先生结婚轰动当时,但这桩"文明婚礼"现场似未对媒体开放。上海滩第一大报《申报》就曾在婚礼结束十一天后——6月26日刊发启事,公开征求章太炎结婚照片。全文如下:

> 章太炎先生,新与汤女士缔婚,郎才女貌,海内艳称,如有人得其婚时照片者,惠寄本馆,当奉赠本报个月,或价值相当之小说。照片翻出后奉还。

章太炎与汤国梨在上海举行婚礼

似乎并没有人将相关照片寄予《申报》,因为目前所存《申报》查不到章太炎、汤国梨结婚的照片。

民国时的上海滩报业,狗仔队之发达前所未有,大小报刊消息的真真假假,如雾里看花,谁也无法判定,《申报》对于章、汤婚礼如此好奇,就是因为对于章太炎到底娶了怎么样的一个女子充满好奇,因为有许多的传说,说章太炎曾经公开登报发过《征婚启事》,条件之奇让人大跌眼镜。

这份征婚启事,还有好几个版本:

(一)以湖北籍女子为限;(二)须文理清顺(能作短篇);(三)大家闺秀。

又有人在上述三项之后补充了两点:

(一)要不染学堂中平等自由之恶习;(二)有从夫之美德。

或者有人以为后两点应该是另外的要求:

(一)要出身于学校,双方平等自由,保持美德;(二)反对女子缠足,丈夫死后,可以再嫁。夫妇不和,可以离婚。

但章太炎的这则流传甚广的征婚启事,不但没有确实的版本,连刊登在哪份报纸上也不能确定。太炎之孙章念驰先生说是没有的,谢樱宁在《章太炎年谱摭遗》里也说到,对于"广告"

原始发表的报刊、时间，从来都语焉不详。有人提到是在《顺天时报》上，他翻过不全的《顺天时报》，并没有发现，至今也只好存疑。不过太炎先生一生特立独行，"章疯子"逸事无数，也不在乎多一份隐隐约约的征婚启事在历史上以讹传讹。

启事首条欲娶湖北女子之说，又传过一个故事的。说上一年年底章太炎从东三省筹边使任上南下，到湖北拜访黎元洪时，对湖北女革命者吴淑卿产生了好感，欲娶她为妻，却遭吴婉拒。

而日本有一报纸却持相反说法，说是吴淑卿喜欢上了章太炎，先生一心只想革命，没有答应云云。发行于昭和十一年（1936）八月的日本《中国文学日报》载："吴淑卿女士，十九岁，志愿加入革命军，称为革命女志士，为当时轰动一时的新闻人物。彼愿作章炳麟伴侣，有意示爱。章氏懵然，未曾介意。黎元洪见此情形，愿意做媒。章氏以革命为重，结婚为次，未成事实。"

章太炎名满天下，嫁给他成为太炎夫人，对于任何一个女子来说，都是不小的挑战。

看《神州丛报》对当天婚礼的描写，体会一下：

> 章太炎先生与汤国梨女士，于六月十五日假哈同花园结婚。哈同花园为沪上最著之名园，风景宜人，点缀得法，以天演界（园中之剧场）为礼场。园主哈同君及其夫人，暨黄宗仰君，亲为布置，华美绝伦。午后三时，举行婚礼。由蔡元培君证婚，张通典、沈善保二君为介绍人，沈定一君及杨季威、边镜宏二女士为男女傧相。乐声洋洋，秩序肃穆。男女来宾之盛，为前此所未有，达二千余人。男宾中，若孙中山、

第七章　梁鸿得配孟光贤

黄克强、陈英士、胡经武诸君，女宾中若岑云阶夫人、蔡子民夫人、张默君、舒蕙贞诸女士，均先后莅至。

是夕，太炎先生、国梨女士假一品香燕客，履舄杂沓，觥筹交错。由张默君、杨季威、边镜宏诸女士提议，要求新人三事：（一）即席赋诗，以二十分钟为限。（二）作大字八，置诸壁间，以觇远视之目力。（因太炎短视。）（三）新人各作滑稽谈，以博来宾欢笑为度。

太炎先生乃即席赋诗云："吾生虽稊米，亦知天地宽。振衣涉高冈，招君云之端。"国梨女士录其旧作《隐居诗》云："生来淡泊习蓬门，书剑携将隐小村。留有形骸随遇适，更无怀抱向人喧。消磨壮志余肝胆，谢绝尘缘慰梦魂。回首旧游烦恼地，可怜几辈尚争存。"对客挥毫，清新敏捷，传观来宾，咸表钦佩。其余二事，亦皆一一履行。复由某女宾要求太炎先生赋诗以谢介绍人，先生许之，即席成诗一首云："龙蛇兴大陆，云雨致江河。极目龟山峻，于今有斧柯。"众宾欣赏，尽欢而散。

真正是文明婚礼的样子了，新人还要接受伴娘团所出的难题呢。张默君是汤国梨务本女校的同学，正是她向父亲张伯纯介绍了汤国梨，张伯纯做媒，才成就了汤国梨与章太炎的姻缘的。婚书上另一个介绍人，则是乌镇沈善保，汤国梨的舅舅。其时在《民立报》任职，与章太炎先生相熟，通过太炎先生，又与孙中山先生等交友，当时不少革命志士、文人墨客都视沈善保为知己。

董桥的《给自己的笔进补》一书中，写到过章太炎、汤国梨及沈善保的内容，抄录如下：

  章太炎学术文字古奥难解出了名。他青年时代激烈反清，从小又有癫痫病，到二十五岁还没有人肯嫁给他，他母亲于是将自己陪嫁的丫头王氏许配给太炎先生，没有媒聘婚礼，只能算是纳妾。这是他的孙子说的。王氏给他生了三个女儿，章太炎给女儿取的名字怪得不得了：章㸚、章叕、章㠭，不知道怎么念。王氏早卒，他谋续鸾，朋友问他有没有合格的？他答道："人之娶妻当饭吃，我之娶妻当药用，两湖人甚佳，安徽次之，最不适合者为北方女子，广东女子言语不通，如外国人。"他后来续娶的夫人是汤国梨，能诗能文，结婚典礼上孙中山、黄兴、陈英士这些政要都是贺客。夫人虽是浙江人，不是章太炎理想中的两湖人，却能操鄂语，又读过书，生了两儿子，大概不让章太炎又给取怪名，结果长子叫章导，次子叫章奇。章太炎懂医道。一年夏天，上海霍乱盛行，死了不少人，他在报上发表《中国汤剂救治霍乱》，引起医学界重视。郑逸梅先生说，章太炎的亲戚沈和甫在上海病了，郑逸梅去看他，他说太炎先生刚来过，给他开了个药方。郑先生看到药方上墨迹未干，可知章太炎刚走不久，事后也忘了向沈和甫索取那张方子来收藏。

  沈善保真是汤国梨生命中的贵人，求学是他资助的，婚姻是他做媒的……汤国梨一生感念这个舅舅。1934年，章太炎和

第七章 梁鸿得配孟光贤

汤国梨之所以卜迁苏州,据说一部分原因,也是沈善保已在苏州定居而有利相互照顾。

惯为稀里糊涂回忆往事的辛亥元老冯自由在《革命逸史》中,记录下了一则沈善保被拒婚礼门外的故事:

> 介绍人为张继(作者注:张通典,非张继。所以就冯自由的回忆习惯作糊涂语)、沈和甫。沈(和甫)是汤国梨的同乡,他和张继一起为二人介绍。章、汤结婚当日,张继因有要事没到场,这日因孙中山、黄兴、陈其美等人都亲往祝贺,故哈同花园戒备森严。沈和甫是吴兴文士,有些土头土脑,见到爱俪园前门雄伟,已经畏怯非常,且沈和甫一口湖州话,司阍的许福也听不懂,故许福以为他是陌生的参观者,拒不让其入内。等了许久,两位介绍人都不到,主办方只好临时拉人,权充介绍人,才完成了这个结婚大典。

沈善保虽然是小镇人,却绝不是土头土脑缩手缩脚没见过世面的乡下人。乌镇与上海相隔不远,两地方言差别并不大,且他在上海做事多年,不见得无法用上海话进行沟通。冯自由此则,多半为杜撰。

汤国梨这一桩迟来的姻缘,真是冥冥中天注定的。关于个人婚姻大事,汤国梨崇尚婚姻自由,多次拒绝女伴择偶不可过于严苛的劝告。而章太炎的婚姻之路,也是特别的。据章太炎之孙念驰先生文章:

章太炎当年有癫痫病，加上倡言革命，常说大逆不道的话，被比作"疯子"，到了适婚年龄还没人愿意嫁他。于是他的母亲把陪嫁丫鬟王氏许配给了太炎，俩人生了三个女儿。1903年王氏早逝，章太炎应蔡元培之邀去了上海，后来发生了震惊中外的"苏报案"，章被捕入狱，哪里有时间登报征婚？他与我祖母汤国梨的婚姻，也是孙中山辛亥革命成功后，看他一人太孤寂，做媒介绍的。

　　关于汤国梨与太炎先生的婚姻，有几说：一说漫画家沈泊尘因在《民立报》供职，又得知独身十年的章太炎先生有意娶妻，故将家乡旧识务本女校学生汤国梨介绍出来，经张通典先生做媒，成就婚姻。二说汤国梨与张默君同学，是张默君向父亲张通典介绍汤国梨，然后有了章汤的婚姻。

　　不管是通过何种渠道与太炎先生结合，汤国梨与章太炎婚前并没有见过面，相互之间应该只有社会声名的互识。汤国梨因太炎先生的学问而嫁他，而章太炎奉行"娶妻当药"的原则，多半是汤国梨在上海是一个风云女学生而闻名认可，故而娶了她。

　　汤国梨之婚姻，不为依附章太炎，更多的是欣赏其精神骨气与渊博学问，彰显了她高洁的精神追求。新婚宴尔蜜月的甜蜜幸福，在袁世凯复辟帝制的危机中戛然而止，章、汤婚后仅一月余，心存革命重任的章太炎即北上讨袁，自此一去与汤国梨离别，遭袁世凯囚禁达三年之久。

第八章　恐有离人为断肠

　　轰动海上的哈同花园婚礼后，三十岁的乌镇姑娘汤国梨，正式成为章太炎夫人，开始了她全新的生命历程。

　　近代女性对于自我身份的认知与定位，一直在艰难中苦苦探索，汤国梨由小镇才女，而新派女学生，而女权斗士……在那个新旧交替，风起云涌的时代，一双小脚健步如飞，如今奔向太炎先生的怀抱，则再一次跨进了一段新的传奇人生。

　　章太炎是个仗剑走天涯的人，估计从来没有动过置地置产的念头，所以在上海根本没有房子，就是个无钱无房无车的"三无"大学问家、大革命家。1913年6月15日成婚后，汤国梨将新家安在了神州女学旧址上，北四川路长丰里二弄弄底。新房陈设甚为简陋，"仅有白木方桌一张，长条木凳四只，其他家具和陈设，都是从外面租来的"。婚礼匆匆，两人把住处稍作安顿，20日就到了杭州，寻幽探胜，作蜜月之游。章太炎作《灵隐韬光蜜月游》记之，灵隐与韬光两寺，相距并不远。韬光寺位于杭州北高峰的南坡巢拘坞内，为儒释道三圣宝地。灵隐名声在外，而韬光则少有人知。实则，韬光寺风景幽胜，自古以朝佛观日观海三绝而著称，其"韬光观海"为西湖十八景之一。脍炙人口的宋之问联"楼观沧海日，门对浙江潮"，就为寺中观海亭而题。

乾隆也有"翠云入丛簧,赤诚盘峰嶂"题韬光寺联语。山水慰人,佛道润心,汤国梨与太炎先生,暂脱尘世,做了一回桃花源中人。

只是动荡的时势并不容人长做隐侣,蜜月对于汤国梨来说,太名副其实了,真的只相聚"月"余。6月20日开始的杭州蜜月,8月10日的章太炎已在天津,次日(11日)已在北京,入驻新共和党本部,开始了他的"经世济国"之大业了。

不守着新婚娇妻汤国梨,这章太炎马不停蹄上京城,是为了什么?他要去主持共和党党务。

要说一说章太炎此时身在的共和党。这个共和党是在1912年由同盟会中的稳健派宣布独立而成立的。1913年6月,原共和党的一些人因反对与别的党派合并成为进步党而组织了新共和党,党部在北京。黎元洪和章太炎是共和党的正副理事长。而此时,新的党部致电刚刚新婚的章太炎,说因为共和党和国民党正在考虑复合的问题,希望章太炎北上主持。

此时正是"二次革命"爆发,袁世凯从孙中山手里接过权柄后,并没有如众望所归,反而日渐露出独裁者的真面目。于是南北纷争再起,南方各省纷纷独立。8月8日,上海又宣告独立,南北对峙更加紧张。

党派纷立,口舌纷争的局面,是政治强人袁世凯非常不喜欢的。从权谋中韬光养晦左右腾挪发展壮大起来,现在终于接管了国家最高权杖的袁世凯,内心真正想要的是铁腕政治,是定于一尊。就像宋太祖"卧榻之旁岂容他人鼾睡",更何况现在政党众多、南北异见……但善于韬晦是袁世凯一贯的长处,暂时继续保留国会的意图只在于想通过选举而使自己成为合法的

第八章　恐有离人为断肠

总统。但异见者的扫除必须到位，刺杀宋教仁即为一桩。

而此时的章太炎，以国师自居，对于袁世凯虽已生失望之心，却觉得以政党体制建立真正的"民国"还有努力的空间，所以当共和党发来请求北上主持党务的电报时，他不可能不挺身而出，时危挺剑入长安。

章太炎因为反袁心切，就这样冒险入京，"时危挺剑入长安，流血先争五步看"，章太炎豪情满怀写下这两句诗，用的是《战国策》中的掌故。战国时，谋士唐雎受安陵君所托，孤身赴秦，终于不辱使命，迫使秦王放弃侵犯野心。章太炎决定效仿唐雎，孤身去见袁世凯，让他放弃独裁，建设真正的中华民国。

书生与枭雄相遇，结局其实是必然的。章太炎这一去，便被袁世凯软禁北京，时间长达三年，南归的希望一点一点破灭。而新婚就放手让章太炎北上的汤国梨，孤身留在上海。远在北京的丈夫前途未卜，她把所有的担忧、忐忑、恐慌、忧愁……全部独自消化，呈现在世人面前的太炎夫人，是坚定的，是有力的。汤国梨既然选择成为革命家太炎先生的妻子，就已经做好了面对各种变数的准备，现在她要做的，就是让自己成为前方斗争的丈夫的坚强后方，以坚定、稳定的行动让太炎先生心安。章太炎娶妻当药用，她现在应该做的，就是太炎先生的"安神丸"。她致函丈夫"毋以家室为念"，全力支持太炎作革命的抗争。

这一离别，时间长达整整三年，直至袁世凯去世方才结束。这是章太炎一生中最大义凛然，为革命各种抗争、不惜牺牲自我的三年，在后来的各种正史野史中，传播着这三年里章太炎在袁世凯的监禁下各种真真假假的豪迈故事，这三年更是远在南方的汤国梨艰难独自支撑家庭，想方设法营救丈夫的三年。

这三年留下了《章太炎家书》，今天我们有幸能从太炎先生的这些家书中，得见当年夫妇两人在艰险岁月中的鹣鲽情深。"怪人""疯子"太炎先生新婚别妻，两地相思，他一生中难得的儿女情长、柔肠千转，在家书中纤毫毕现。从婚前的从未见面，到在上海匆匆举行婚礼，新婚不久就南北分离，汤国梨与太炎先生的恩爱情深，早期可说都是从两地书中凝结起来的。他俩是先结婚后恋爱，这恋爱的甜蜜与折磨，都在这三年的鸿雁传书中了。

从章太炎踏上北上的征程，汤国梨就开始了家书中的相思与坚守。当时两人都没想到，这一次的离别，会这样长久。虽然局势不容乐观，但夫妇俩总以为，这是小别离，不日重见。

留居上海的章夫人接到太炎入京的第一封家书是这样的：

……吴淞恐有大战，家居务宜戒慎，一切可询问严先生，庶无遑遽不安之事。夏秋代嬗，天气新凉，宜自珍重，勿多啖瓜果凉水、开窗当风而卧。临纸神驰，思子无极。

原来，"疯子""怪人"深情款款起来，是那么细腻体贴，情意动人。天凉添衣，免饥加餐，生冷勿食。

夫君不但嘘寒问暖，还十分牵挂她的精神生活。年轻的新娘，新婚独居，孤独烦闷是肯定的，作为学者的章太炎能提供的排遣之法，自然是充满艺术书香气息的：

时时弈棋打球，借以排闷，并令血脉和调，是为要务。

如欲浏览书籍，案上所庋，皆可翻观，但每阅一册毕后，当仍归部属耳。

体贴的叮咛实在是诚挚无极。章太炎当时沪上家居至少藏书八千余册，案头诸书，应是日常最多用者，细心体察身为才女的太太读书所需，又心心念念宝贝藏书的保护与珍惜。想章夫人读信之时，一定会感念这一份爱意，也会暗暗笑话夫君的那一份书呆子气。

秦观《鹊桥仙》有"两情若是久长时，又岂在朝朝暮暮"，此语真大谬也。若不是情势所迫，万般无可奈何，谁不想有情之人朝朝暮暮，长相厮守，而偏要隔山隔海，千里万里呢？

新婚仅月余便离别南北的汤国梨与章太炎，在鱼书往来中越来越了解对方，爱意也越来越深。两地书中的相思之情，遍溢笔端。在8月17日的家书中，太炎诉说：

> 别已旬日，思子为劳，前寄二书，计已收到？迟迟未复，存想无极，镜中对影，幸弗含啼也……君平居何以自遣？围棋宜习，书史常翻。须一二十日后归来，视君文艺，又当刮目相看也。白露渐零，天气凉冽，尤须早去，珍重自爱。

如此念念存思，心内爱波涟漪阵阵，风光旖旎。章人炎再大的学问家，到底也是普通一个性情男儿。对于新婚乍别的妻子，他总希望时时都能得到消息，吃了吗？睡了吗？读书吗？写字吗？身体好吗？离别忧思侵蚀，佳人消瘦了吗？……

对于丈夫安危生死的牵挂，对于北洋当局态度的不安，让汤国梨每天都思绪纷乱，千回百转。她期待着鸿雁传来的每一句消息，内心里有千言万语，却常常又不知道从何说起："已封重启意徐徐，欲写还休叠又舒。挑尽残灯过夜半，长笺裁尽未成书。"

她的惆怅，欲语还休，让章太炎开始焦虑：

　　来书惟十三一件，后遂寂然，岂憔悴不能操觚耶？抑已归乌镇，未见吾书也？眷念既深，夜不成寐，得君片字，珍于拱璧，其有以报我矣。

女子爱上一个男子，总会时而敬其如父兄，时而又爱其如子女。汤国梨同样如此，她在给长她十四岁的夫君信中，依旧会发挥出母性的温情。太炎家书中有语"得书，教以遇人和蔼，弗召众怨，何其相规之笃也"，又说若世事无成则"老莱偕隐，孟光赁春，亦从君之雅志也"。

影观词人汤国梨最具闺怨性质的诗词，就出现在这三年中，诗词中有新妇向夫君倾诉离情，柔情而轻怨。

当夜雨打芭蕉，汤国梨离思绵绵：

　　风雨黄昏一惘然，离愁黯黯又经年。
　　西园芳草迷蝴蝶，南浦吟魂化杜鹃。
　　微命如丝空断续，春心似茧独缠绵。
　　为灰为土寻常事，憔悴何曾算可怜。

　　　　　　　　　　　　　　　　（《夜雨》）

第八章 恐有离人为断肠

当日长独愁闷,汤国梨无趣《昼寝》:

蹉跎心事成长恨,剩得闲愁乱似丝。
春雨春晴两无赖,日长只有睡相宜。

这样的无限柔情,封在家书中,鸿雁传与章太炎,抚慰他因不得自由而日渐焦躁的情绪。

虽然汤国梨极尽温柔,对于性情偏激的丈夫好言好语,然而太炎先生的煎熬难受依然不可遏止。9月13日,也许是即将迎来中秋佳节的缘故,入京一个多月的章太炎在致夫人的信函中,任性大呼:"辗转思之,惟有自杀!"他也不想想年轻而无助的汤国梨独自在沪上,收到这样的文字,要她如何承受。

汤国梨回函给夫君寄去小影一帧,面对太炎的激愤,她心碎胆摧,殷殷劝导。她的回信"宛转悲愤,读之惨然",太炎接信马上意识到远在南方的妻子的心思,他回心转意,复函安慰:"前书自言求死,乃悲愁过当之言""内念夫人零丁之苦,外思蛰公劝戒之言,亦不能不抑情而止也"。他强将激愤按下,转为温厚平静,以让妻子安心。

1913年9月15日,是阴历的八月十五。本该是夫妻俩婚后第一个甜蜜的团圆佳节,却只能分居两地,遥相念远。"空庭落叶报新秋,望断归鸿独倚楼。憔悴不堪窥镜影,囗高犹白木梳头。"飒爽女子亦多情,汤国梨懒对菱花无心梳洗,对于情势的未知,让她心神憔悴,无依惶恐。她一个人独自回到乌镇,在家人的亲情中,在熟悉的小镇气息中,寻些温暖的力量。

> 还家值秋暮,鲈鱼幸见尝。
> 红浮虾子嫩,碧裹菜根香。
> 美酒倾三斛,欢言聚一堂。
> 春晖惭未报,惟祝寿而康。

(《还家》)

"首如飞蓬,岂无膏沐,殷勤思慕,彼此同之","如君思我,我亦思君,有怀不遂,叹息如何",境随心转,忧思中的汤国梨,望着秋风中瑟瑟的蓼花,又起悲思:

> 不同桃李争春色,憔悴西风断岸边。
> 冷艳幽芳谁会得,自怜瘦影照清泉。
> 寂寞萧条傍水涯,怨红惨绿感芳华。
> 可怜清绝无人见,只伴秋风芦荻花。

(《蓼花》)

她把诗词随信附寄夫君,太炎先生读信后说,"辞旨悲凉,羁人为之凄绝"。

孤独无计,心绪不宁的汤国梨,只能将一腔愁思化作长短句:

> 岁华惊晚,意忾忾、愁心难展。任春到、风光如画,卷幔情怀多懒。算寻常、佳景良辰,花明月满皆轻贱。但病里伤春,枕边寻梦,早是无聊已惯。 枉自惜、朱颜老,谁忍道、青春堪恋。蹉跎生白发,中年哀乐,花开花落都看遍。寂寥

心眼，纵频将浊酒销愁，也觉新来倦。浮生何事，独抱闲情难遣。(《薄幸》)

京沪相隔，眼前人不见，心中计无定。汤国梨经常将家书封了又启，启了又封。她满心的话语要说与太炎听，又怕言辞失当徒增夫君忧虑。诗题为《拟寄（二首）》，不知寄了没有：

若把君心易我心，方知我意念君深。
红颜愁老青灯里，子夜歌成婉转吟。

侬意如绵不怨痴，背人刻刻写相思。
郎心却似天边月，圆缺升沉无定时。

回到上海的汤国梨，绝不是一天到晚坐在家中写情书的。她忧心、焦虑，但她不是一个遇到事情束手无措的弱女子。面对越来越无定的形势，她开始打算往后的生活，她各方打探消息，开始主动想办法寻求帮助，以期通过努力让太炎早日南归。

首先要做的事，是营造一个真正属于她与章太炎的家，让先生回来后，有定居的港湾。汤国梨在马立司路（孟纳拉路1109号永年里，今延安中路825弄）找到了房子，开始准备搬家。10月14日，汤国梨去信告知太炎先生说将要搬家，太炎回函殷殷嘱咐："移家时，吾所有书籍一切，皆望整理，弗令阙失或凌乱无次为幸。此事想君初次为之，照顾周密，殊非容易，望勉为其难也。"我的书很重要！我的书很重要！才女爱书生，汤国梨一定笃定自己没有爱错学问家章太炎。

这边汤国梨要造一个港湾迎接丈夫的归来,那边太炎先生却第一次提出了让她北上相见的想法:

> 殷勤思慕,彼此同之,或欲劝君北来,鄙意亦无所拂,未知以为劳否?……校事不就,家居闲寂,则移家北视。

他这里提出让汤夫人北上团聚,并非在北京定居,而是相聚,因为章太炎直至此时,还觉得自己是有来去自由的,妻子来京相聚后,以后可以一同南返。他希望与妻子北上早日相聚,相依相偕,免去彼此相思之苦。

他看不到袁世凯的深谋,这章太炎,真是书生政治病的晚期患者。

所以说,章太炎最适合的,其实就是做个学问家、国学大师。而在当时,他最响的名头不是学问家,恰恰是革命家、政治家,书生迷恋论政,读得圣贤书,货与帝王家,在中国真是亘古不变,屡败屡战的历史误会。章太炎这个政治家,不是普通的书生来做,是个从故纸堆里硬爬出来的大学问家来做的。也是在清末民初那些年里,碰巧章太炎这个政治家做得还有声有色,天下闻名。而随着中华民国的建立,热血的革命渐渐消退,需要权谋的政治手腕渐渐凸显,章太炎的书生政治赶不到点上,就慢慢力所不逮,一片糊涂了。

章太炎是光复会早期的骨干,在东京办《民报》的时候,很是打了些大仗,若没有他一支骂人骂得酣畅淋漓的笔,革命

第八章　恐有离人为断肠

党人的声势早就被梁启超等人压下去了。然而，很快章太炎就跟孙中山闹翻了，不是革命同志之间的那种争吵，而是质疑人品的公开的翻脸。

武昌起义胜利后，领导这场革命的同盟会却处于涣散状态。章太炎甚至提出了著名的"革命军起，革命党消"这八字口号，引起了轩然大波。从章太炎一贯的政治思想分析，他是因为不赞成"以一党组织政府"而提出那样的口号，但在当时纷杂的形势下，不管是同盟会、光复会，都对这口号产生了极大的误会与不满，反而是旧官僚、立宪派纷纷叫好。孙中山从海外归来，目睹这种情况，公开批评章太炎此语，并于1911年12月30日在沪召集同盟会负责人会议，且并未邀章太炎与会。

在民国的最初岁月里，政党之间分分合合乃常态，章太炎虽然是热心分子，却一直站在先是同盟会后为国民党的对立面。他似乎对谁都不屑，他厌恶孙中山，对黄兴不感兴趣，甚至跟原来光复会的同志也貌合神离，倒是对那个被造反的新军士兵从床底下拖出来的黎元洪，有着极大的热情。

而孙中山这边，强调同盟会应完全实现民族、民权、民生三大主义，并原则上同意将会党性质的同盟会改组为将来的国家机器中的议会政党。1912年3月，以孙中山为首的革命党人决定以政党代替同盟会公开活动，并组成南北内阁；6月，唐绍仪内阁被袁世凯解散；在经过了三党会议、五党会议等艰难的探讨后，8月25日国民党正式成立。

袁世凯这边，宋教仁已死，章太炎已禁（虽然太炎先生自己此时并未觉得）。1913年10月6日，在军警的严密看护下，中国历史上第一次国会的总统选举开始了，袁世凯如愿以偿通过选举的合法程序得到了总统的职位。狡兔死，走狗烹，河都过了，还要船干什么？此时袁世凯已不再需要国会这个选举机器了，于是开始追缴国民党议员证书，终于把国会也废掉了。到此时，醉心于议会政治的章太炎才如梦方醒，彻底读懂了政治强人袁世凯。但是人身自由都失去了，章太炎木已成舟，悔之莫及。

而国学大师与政治枭雄的过招，远远还没有结束。章太炎的书生政治病还势头强劲。于是，提出了让汤国梨北上团聚的想法。好在，汤国梨没有答应夫君的请求，依然留在南方，上下奔走，只要汤夫人在南方，就是一股制衡北方的力量。

汤国梨以柔弱之身躯，展开越来越艰难的救夫战斗。

第九章　历劫红尘终不悟

章太炎夫妇是什么时候觉察到,自己的自由其实是个错觉,袁世凯的各种说辞,也只不过是一种隐形的囚禁呢?应该就是在那一年中秋前后。

袁世凯为了总统选举的顺利进行,在北京城进行了戒严,且杀戮异己。章太炎在信中向汤国梨描述:"城南南下洼地方百亩,素棺枊比,殆有万数,见者寒心,此皆戒严之效果也。"城南南下洼,自来为北京荒凉偏僻之地,向北则是菜市口,古来即杀人之地,此时袁的杀戮,景象已经十分恐怖。章太炎住所的监禁巡逻也不断加强,这让章太炎心焦如焚,"吾处此正如荆棘,终日无生人意趣……惟有自杀,负君深矣。"章太炎激愤之下,又起了自杀之念。

这是汤国梨接到第二封太炎作自杀语的家书了,随着总统选举日期的迫近,局势一日紧似一日,汤国梨把自己忧愤酸楚的情感,凝结成了一阕《鹧鸪天·孤雁》,哀鸣飞向北京的章太炎:

　　乱荻萧萧野水长。携将霜迅独南翔。声回山谷疑呼侣,影照池塘且逐行。　　惊节序,梦衡阳。生涯聊寄水云乡。红楼不敢哀鸣过,恐有离人为断肠。

章太炎在北京激愤欲狂，汤夫人在南方苦苦《远吟》：

天涯消息盼沉沉，无限相思托远吟。
自结乱丝还自理，忆君终比怨君深。

章太炎终究是被汤夫人的苦情感动，"接连两函，言之酸楚，令人心肝皆摧"，"前书自言求死，乃悲愁过当之言"。这一次的自杀危机，算是又化解在汤夫人的绕指柔情中了。

章太炎初到北京时，住在共和党党部，袁世凯对他只是外围的监视，所以他以为自己是自由之身。直到袁世凯完成选举后，对国会议会的碍手碍脚深恶痛绝，于是解散国会，欲行独裁，引起了章太炎与他之间的强烈冲突。章太炎准备南下，遭到军警阻止，他才清醒自己实质是被囚禁于此。他怒发冲冠，发生了史上著名的大闹总统府事件。

他气冲冲去找袁世凯，袁世凯避而不见。吴宗慈记载："先生兀坐招待室候电话。倾之，梁士诒来招待，方致词，先生曰：'吾见袁世凯，宁见汝耶！'……旋又一秘书来，谓总统适冗，请稍待，久之无耗。先生怒，击毁招待室器物几尽……"

在鲁迅先生的记载中，则为"以大勋章为扇坠，临总统府之门，大垢袁世凯之包藏祸心"。"祢衡"只管击鼓骂曹，袁世凯恼羞成怒，却坚持避不见他。他指使军政执法处长陆建章将太炎先生连哄带骗，骗到北京的龙泉寺正式软禁了起来。章太炎这火暴脾气，在龙泉寺日日"焦怒异常，以杖击击器物，并欲焚其屋"。

第九章 历劫红尘终不悟

居龙泉寺阶段,是袁世凯囚禁章太炎的第二阶段。对于太炎先生,他不放其南归,却怯于舆论压力,不敢行动过分。袁世凯一方面对章太炎"待遇殊优,不得非礼",另一方面派人前往上海找汤国梨,想方设法要接她进京。并交代办事人,说万一彼不肯就范,也要馈送钱物,做足姿态。太炎知道,去家书告诫:"家居穷迫,宁向亲朋借贷,下至乞食为生,亦当安之,断不受彼呼蹴之食。"

汤国梨怎么可能上当?她一心在沪倾力营救,她小小的身躯,有着坚韧而强大的内心。确认章太炎在北京已遭袁世凯囚禁之后,汤国梨第一想到的是找余杭太炎家中人商量。她派了勤杂工寿荣去杭州,想请太炎伯兄章钱来上海,一起商议如何营救太炎事宜。岂料寿荣到杭州见到章钱,他却说太炎在外不安分,闹革命,早已全国闻名。革命党搞不好要连累章氏全族人,他们早已在家族祠堂中开过会议,决议将太炎先生开除出族了,更何况现在章太炎被抓起来了,家族殊无能力营救。闹革命不是一人一家之事,势必连累全族,为撇清关系,章钱甚至都不让寿荣进屋内交谈,只让他站在天井中隔着厢房短窗对话。章钱表明了态度后,即挥手让寿荣离开了。人情淡漠竟至如此,使汤国梨更添忧愤。

为了防止袁当局加害章太炎,她上书时任国务总理的徐世昌。汤国梨说道:"外子好谈得失,罔知忌讳,语或轻发,心实无他。自古文人积习,好与势逆,处境愈困,发言愈狂……若不幸而遽陨,生命诚若鸿毛,特恐道路传闻,人人短气,转为大总统盛德之累耳。"她的书信绵里藏针,其忧苦辗转之用心可见一斑。接着她又写道:"即大总统优容狂瞽,抑亦千秋盛事也。氏侍母有闲,亦当劝令杜门,无轻交接。万一不知戒悔,复及于戾,刀锯斧钺,氏甘共之。"为了取得袁氏放行,她不惜表达自己的"态度":只要太炎回到家里,我一定会劝诫他杜门不出,不与外人多接触,不惹事。万一再犯错,要杀要剐,我愿意一起承受!

在上海的汤国梨,一要忧心北京章太炎的情况,二要时刻对付袁世凯派来的说客的威逼利诱。她后来回忆说:"其时来做说服工作的,每三数日必有一二次","或问余通讯情况,或愿代递秘密文件,意似殷勤"。忽又有报社登门,说:"章先生已得当局谅解,且将予以要职,车马洋房均已布置就绪,先生亦乐于接受,惟当局必须家属到京,方克成事,故望夫人早日成行耳。"有一次,她拒绝了来家中的两个北方大汉,并悄悄尾随着两人到了住处,在一家黑漆大门内。她假装说打听一家住在此地的亲眷,去查了门牌号码,才知道是北京政府驻上海的侦探机关。

汤夫人真是不简单,胆大心细,练就一双慧眼,面对"甘言利诱",她自有判断。她凡见来人"言颇不伦,益增疑惧",识破他们种种媚态"不过掩幽禁之名耳",后来她干脆闭门谢客,"唯置之不理而已矣"。

对于北上团聚,汤国梨与章太炎有不同的思虑。由于思念太甚,章太炎时而在家书中相召夫人北上,甚至与谁随行,途中如何相互照应,都一一设想周全;时而又来信告诫夫人不宜北上,因怕中了袁世凯迫害之诡计。反反复复,忽左忽右,足见章太炎处境复杂,心绪紊乱。而汤国梨对于北上之事,则始终知其有百害无一利,"余则深知委曲之不能求全也。北行既无益,

第九章 历劫红尘终不悟

抑且徒增先生之累"。汤国梨的智慧战胜了思念丈夫的私情，一直坚守南方，守住了牵制全国舆论的最后一片阵地。有汤夫人在南方活动，袁世凯终究多一重忌惮，他不敢轻举妄动，太炎先生的平安由此增加许多筹码。

被幽禁在龙泉寺的章太炎，碰到了像棉花一样没脾气、牛皮糖一样顽固的陆建章。他只管监视着章太炎，禁绝他出门，但坚决奉行骂不还口、打不还手的原则，你生气我不生气，只交代手下"慎防"而已。章太炎拳头打在棉花上，讲理的机会都没有了，无奈之下，宣言绝食。章太炎半月有余，仅食四餐，命若游丝，欲死不能。

这一次的绝食，章太炎几乎一心求死。他把当年在日本时的一件绣了"汉"字的和服寄给汤国梨，并写下了《绝命书》："知君存念，今寄故衣，以为记志，观之亦如对我耳。"他以此衣表明心志"斯衣制于日本，昔始与同人提倡大义，如日本人缝之……遂标'汉'字，今十年矣……吾虽陨毙，魂魄当在斯衣也……"在信中，章太炎一是将绣有"汉"字的衣服留给汤国梨作纪念，二是交代平生著述，希望夫人设法保存他的学问成果，三是说自己因革命之故常年远离家乡，无法祭拜先人坟墓，以后请夫人代为致祭，四是夫人今后生活，托汤寿潜、龚宝铨安排，更盼夫人读佛经以排遣他死去之后的痛苦。

章太炎几次绝食，激愤时常言自杀，但像这次思虑如此周全，交代事项如此详细的，前所未有，可见此次他决心一死。他从来自信肩负复兴、光大中华文化之责，亦自信自己能够代表、传承中华文化。所以信中还说："吾死之后，中夏文化亦亡矣！"

他的不胜悲痛，不痛惜自我生命之终结，而痛惜身死之后中夏文化之复兴无望。

汤国梨收到家书与衣服，好似收到了黑白无常的预备通知。世事残酷莫过于此，对于先生，她又痛又敬，对于袁贼，她愤恨不已……捧读家书，抚摸衣袍，汤国梨内心的悲痛与愤恨重逾千钧，这小小身躯，怎承载得起这霹雳巨石？她呆怔着，静静思虑，下一步该走向何方。

她心知丈夫此次死志之坚，国士既要殉道，她大义也要明志。汤国梨并非普通女子，她早就对太炎先生明志"偕老之愿难知，同死之心犹在"，连太炎也不禁赞叹"君以一女子，乃能慷慨坚卓如是"。得妻如此，章太炎悲欣交集，感慨莫名，遥念海上夫人，不由得又爱又敬！我章炳麟的夫人，果然非凡！

汤国梨带上和服，来到照相馆，拍了一张照片。照片中的她，将太炎先生的和服叠得整整齐齐，搭在手臂，将绣着的"汉"字，端端正正露在外面，她神情肃穆，坚毅而忧伤。能做得太炎夫人，此生无悔，朝闻道，夕死可矣！

汤国梨给夫君写了一封信：

> 平心而论，君以书生至事业文章纵横天下，功名姓氏，可期不朽。平生抱负，亦已稍展，目的既达，似亦可以已矣。功成身退，诗酒自娱，如果万不能忘情于手谛之事业，则读书之暇，尽可以文章言论而褒贬之。如再不可为，亦听之可耳。盖国可更造，民不能易也。君乃热血欲沸，不惜投身浊流，讵知狂澜之祸，竟卷君以入矣。君孤高之士，既不能任之浮沉，

汤国梨手持章太炎"汉"字衣服

又不能砥柱中流,徒受此播荡旋转之苦,而浊流依然,未稍见其证而君已骨肉离散,身被拘辱矣。盖发之筹边使、勋二位,实已劝辱,况今日之遭遇乎?呜乎!吾静以思之,未尝不为君痛哭也。然往事不可追,来者犹可为,愿君在都,凡于政界人物,无论其为师弟,为亲串,概勿与交。钱某等更无论矣。闭户读书,怡养天真,此后若得脱于羁绊,则勿再关心国事,著书立说,以立不朽之业。徒抱孤愤,亦殊无谓也。

从此函中,我们可以看出,汤国梨不仅是章太炎的妻子,更是他事业上的助手,她深知夫君是一代宗师,讲学、议政、论政是其所长,但从政、行政则为其所短。所以,要避其所短,用其所长。太炎先生娶妻当药,汤夫人可谓知人对症也!

汤国梨深知她写给章太炎的信,都是公开信,所以,这些话不仅写给丈夫,也是写给袁世凯看的。后来再次上书徐世昌并转袁世凯:

窃思外子罪非暴乱,迹无嫌疑,徒以书生数奇,致使文字作祟。然入京年余,深居忏悔,既已寒蝉久噤,当可稍赎前愆。彼附乱行为,且容自首,岂书生空论,转在不赦耶?况外子爱国有心,出言无忌,憨直易愚,为人受过,奸猾利用,昔所不免。今则大总统推诚布公,猜嫌尽泯,朝无阙遗,野无反侧,欲言无事,播弄无人。外子虽愚,必不致再蹈覆辙,此氏可以身命为证者也。……抑更有近者,去岁一二腐儒,谬倡复辟邪说,举国惊骇,咸请投诸四夷,大总统犹悯

第九章 历劫红尘终不悟

其腐儒无知，曲予矜全，赐令回籍。今外子之罪，不过无心触讳，观过知仁，初非丧心病狂者比，岂转不得生入玉门邪？氏虽愚蠢，固知大总统必有以宥之也。……代为转呈大总统，乞赐外子早日南旋。

后来时过境迁，汤国梨翻检旧物，在照片后记下："此影为余在上海，太炎为袁帝锢禁于北京。余手携者，非我之大衣，乃是太炎在辛亥革命亡命日本时之和服。为袁世凯锢禁之时，太炎拟自尽，寄此衣以为记念焉。书中有'与子同仇'之语，时余年卅二岁。"

此次绝食没有成功，据说还是章太炎的学生、日后成为汉奸的王揖唐用计说服了太炎进食。后来监管他的陆建章又寻得一名医生徐某，不时来与太炎谈天说地聊医术，才渐渐让太炎发脾气的频率有所降低。而袁世凯内心亦惧太炎先生真遭不测，会举国哗然，激生变故。袁世凯知道，章太炎"国学大师"威名在兹，门生弟子遍布天下，逼死章太炎，肯定会千夫所指，遗臭万年，他绝不会冒天下之大

被袁世凯软禁于北京钱粮胡同时的章太炎

不鲜。几番考量，就命人将太炎迁到了钱粮胡同。

"来书劝以慎默，危行言孙"，汤国梨深为夫君的爆炸脾气忧虑。在汤国梨看来，身在险地，要奉行《论语·宪问》"邦有道，危言危行；邦无道，危行言孙"，如今当然是邦无道，须"危行言孙"，而章太炎依然不管不顾，不知韬晦，则真令人忧心。再则，搬到钱粮胡同后，章太炎渐渐起了定居北京的心，于是又多次要求夫人北上团聚，他甚至想自己性命必不久长，希望夫人可以相伴左右，哪怕在京城污浊之地，夫妻相依，则能将小家作一世外桃源，守一片净土，了此残生。而汤国梨对此则有不同想法，她觉得进京必定落入袁世凯圈套，那样袁世凯可以设计谋杀太炎，而借她之口宣称太炎病死，再将她灭口了事。而她若一日不进京，则可在外奔走向各路友人求援，向舆论借力，她自由一日，则能保太炎一日平安。

从此，北上团聚与否，成了夫妻俩长达九个多月的"拉锯战"。袁世凯甚至为了促成汤国梨北上，给章太炎设立了一笔每月500元的家居费用，只要汤夫人北上，则名正言顺拨发。但汤国梨还是觉得袁居心险恶，终究没有进京，哪怕太炎为钱万分苦恼。金钱攻势无效，袁世凯又设计在报纸上造谣，说因汤夫人不肯团聚，当局要为太炎先生纳妾。但章太炎不为所动，只在家书中明确向汤夫人说明"已明拒之"，要夫人放心莫信谣言。

历史不能假设，无法知道谁的推断更正确，但袁世凯如此千方百计要汤国梨进京，其居心叵测，不可不防，汤夫人终究没有进京。无论袁世凯以权势官位，还是金钱利诱、美色迷惑，夫妇俩从未有半点卑躬屈膝，自由与独立的风骨皓如明月，不惹半点世俗尘埃。

汤夫人气宇非凡，光风霁月。她固然是个小娇妻，时时向太炎柔情万种诉说幽怨离情，"怪君也解相轻薄，频说归期未有期"；她同时又像个小"母亲"，在太炎情绪不稳时沉静睿智谆谆劝导，要他"慎默，危行言孙"；她更多是太炎坚定的战友，与他并肩战斗，生死不渝，"历劫红尘终不悟，此身只合化成灰"。章太炎曾说别人娶妻当饭吃，他娶妻当药用，娶汤国梨为妻，真是他一生中抓得最准最灵的一剂大药！

章太炎，书生有福得妻贤！

书生章太炎与枭雄袁世凯艰难斗争，拳打脚踢，他大闹过、大骂过、自杀过、绝食过……及至心生倦意几乎绝望，依然无法逃脱幽禁的现状。

这样旷日持久的斗争让他绝望，让他心灰，在学生钱玄同、黄季刚等人的帮助下，他在北京以讲学、读书、做学问打发日子。另外，他与汤国梨在斗争中增进的了解，让他越来越敬爱这个妻子，这个不凡的女子。他对她的相思眷念也越来越深。

汤国梨越来越多地收到太炎先生家书中缠绵悱恻的情话，"思君不见，发为之白""食不甘味，读书不乐者，正为思君一人尔"，他甚至可怜巴巴地说"解忧成乐，实赖君之哀我耳"，像个小儿女一样：你若想我开心，只有靠你可怜可怜我！天冷了，他说："不知君在南方，孤冷何似？"总劝不动夫人北上，他搬出两个女儿，"思君正亟，君必当偕两女前来，弗负此苦念也"。

面对章太炎深情呼唤，百般恳求，汤国梨心似车轮转。她何尝不想先生平安，康健而喜乐？何尝不想一家团聚，日日相守？只是这一切美好的愿望，绝不是她汤国梨北上即可达成的，她必得在南方继续努力，寻求多方支援，设法营救，才是让两情久长、岁月安宁的根本之计。

面对南下越来越无望的局势，章太炎性情越发躁郁不定。他多次绝食，多次表达求死之愿，越是如此袁世凯防范越紧。他在几案上写上"袁世凯"三个字，天天狠狠敲打，堪比巫蛊之咒希望袁世凯速死，他又在寓所大书"速死"二字悬于壁间，以明自己求死之志！

谁料袁世凯未死、章太炎未死，1915年9月8日，陪伴在太炎身边的长女章㶦却在"速死"条幅旁上吊自杀了。事后有说女儿自杀是因为穷困，有说是因为抑郁，因为忧心父亲安危而精神崩溃，种种说法不一而足。章太炎痛失女儿，心碎欲裂。

章㶦之死，传到南方谣言纷乱，有报纸说章太炎已死，汤国梨忧心如焚，急电京城相问。章太炎复"在贼中，岂能安！"，言语激愤，触动了当局忌讳，不几日，汤国梨收到京师警察厅的信，语含威胁，要求她劝章太炎不要生事，"径启者：前因章太炎君患神经病症，举言乖张，政府眷念前劳……交由本厅特别看护……不意太炎先后径寄女士二电，阅其词意，异常荒谬……国有常刑……希望嗣后通信，措词平和，毋使太炎神经有所感触……"，由此可见，所有章太炎的来往通信，包括家书，都在警察厅的监视之下，了无自由。章㶦在父亲身边，敏感忧惧直至自经而死，实为袁世凯恐怖监禁犯下的罪孽！

"天涯消息盼沉沉，无限相思托远吟。自结乱丝还自理，忆君终比怨君深。"汤国梨在南方独立支撑，受到监视的家书往来是她与先生灵魂交流的唯一依托。她要忍受一个女子对离别三年尚不知道何时为归期的丈夫的苦苦相思，也要以一介女流之力，在上海维持家居生活，还要上下奔波，左右斡旋，一刻都不放弃为被囚禁的太炎先生创造释放的机会。

太炎绝望，而她不放弃。直至1916年元旦，汤国梨再度写信给徐世昌，央求他代呈袁世凯，允诺将章太炎放归。至6月，全国上下对于洪宪帝制一片声讨，袁世凯在宫中呕血不止，6月6日袁世凯死，16日警察撤走，25日太炎离开北京，7月1日，汤国梨终于迎来了阔别三年之久的丈夫。

夫妻团聚，自是一番恩爱缱绻，第二年4月，汤国梨生下一子。不过此时，章太炎又已经为国远走，正在主持召开亚洲古学会第二次大会。中年得子的他喜出望外，以"王茂弘期之"，取名章导，意在让这个孩子长大像东晋宰辅王导一般，少有风鉴、气度清远，其期望之殷，倚重之深，溢于言表。

汤夫人从此成了一个母亲，开启了女人生命中又一个全新的历程。

中华人民共和国成立后的1961年，记录这三年过往史实的《章太炎先生家书》在汤国梨的珍藏与企盼下由中华书局影印出版，汤国梨在序言说："顾余之珍重此家书者，期与先生相见时，作共诉甘苦之印证；留示子孙，使知先生富贵不淫、威武不屈之气节；传之社会，可见专制统治者之蛮横暴敛。然此家书亦史书也。"

第十章　兴亡聚散两依依

1916年6月6日，洪宪皇帝袁世凯归天。

自1915年12月12日袁世凯宣布登基，定1916年为"洪宪元年"，至1916年3月22日被迫取消帝制，袁世凯共在帝位八十三天，史称"洪宪皇帝"。6月6日，袁世凯尿毒症发，亡。

传说帝制取消前的3月19日晚上，袁世凯步履蹒跚地进了五姨太的房间。一进房就说："完了，完了，龙、虎、狗都反了。昨天晚上，我在南海玉栏亭上观天，看见有一颗巨星从天上掉下来，这是我生平所见的第二次。第一次是文忠公（指李鸿章）死了，那颗星比这个小，这个大概轮到我了！"（龙、虎、狗是指"北洋三杰"王士珍、冯国璋、段祺瑞）接着又自言自语叹道："真的是'癞蛤蟆难过端午节了！'"一语成谶，未过端午，6月6日袁世凯因尿毒症弃世而去，终年57岁。

6月6日袁世凯一死，章太炎7日即修家书，告诉夫人前一日（6日）袁世凯已死，黎元洪就职。交代汤国梨，要她嘱咐尹维峻、龚宝铨，要求浙江都督吕公望作电文，并让浙中将吏、名士等人请求上书，如此便可有效解救自己的监禁。

随后，16日章太炎可自由出入宅居；21日，吕公望致电黎元洪、段祺瑞，表示浙人将派人北迎护送章太炎南下。25日，章太炎启程离京，至天津乘轮船，7月1日抵达上海，终于与汤国梨团聚！

三年阔别，汤国梨终于守得云开，再见劫后归来的太炎先生！

汤国梨与章太炎三年传书、三年救夫、三年相思终得圆满。汤国梨真是奇女子！

这三年的故事，当年即有作家编成戏剧传奇，发表在报章杂志上。1914年8月7日，《时报·馀兴》副刊刊登《救夫记传奇》，作者焦心，即是以汤国梨救夫为本事的。《晚清民国传奇杂剧考索》一书曾有介绍该本："写女子汤国珍之夫章某被拘禁于京城龙泉寺，汤国珍接到丈夫书信，得知章某忍饥受饿，病倒龙泉四十天，遂拟一封电报给大总统，遣人去电报局发出，以营救丈夫。"剧中女主人公"汤国珍"，即太炎夫人汤国梨。

三年内，章太炎几度灰心绝望，几度做绝食自杀之举，几度在家书中发出决绝求死的话语。他对夫人说"君既多病，仆亦绝少生趣，迟一二年，恐已不复相见，一晤而死，何快如之……"，特别是长女在北京居处自经而死后，章太炎极度痛苦。据章念驰先生记忆，曾见到过家中照片：地上躺着才死的女儿，父亲呆呆地在亡女身旁。脸上之悲凄让人一眼便难以忘却。

三年间，章太炎家书中传递过来的悲郁愤恨，汤夫人内心的悲痛、幽怨、恐惧、愤怒……内外交摧，压力之大，外人真是难以想象。她也曾为此影响健康，一度见人战栗，满腔忧愁，但凭着强大的意志与坚韧，万千折磨终究一一克服消解。对于太炎先生的脱困南下，她始终心怀希望，曾写信去描述未来，希望等太炎功成身退之日，夫妻双双诗酒自娱，共度岁月。

盖发之筹边使，勋二位，实已劝辱，况今日之遭遇乎……愿君在都，凡于政界人物，无论其为师弟，为亲串，概勿与交，钱某等更无论矣。闭门读书，怡养天真。此后若得脱于羁绊，则勿再关心国事，著书立说，以立不朽之业。徒抱孤愤，亦殊无谓也。

汤夫人虽是女流，有慧眼，真豪杰也！

守得云开见月明，太炎先生此番归来，风光无限，是民国功臣的待遇。应浙江方面邀请，太炎夫妇相偕再游杭州，一起到西湖南屏山谒张苍水墓。这也为章太炎百年后之葬地落处埋下了伏笔。

自1916年太炎先生脱离囚禁返沪，至1927年他因反对蒋介石再度跌入人生低谷，汤夫人与太炎先生度过了人生中最顺遂幸福的十年。这顺遂幸福四字，也并不能是日日相守，对于汤夫人来说，多数日子还是在离别中，因为太炎先生实在是太忙了。

唉，谁让汤国梨嫁了个"帝师"呢？

1916年7月回上海的章太炎，8月下旬就离家南下肇庆，为军阀割据局面寻求办法，拜访岑春煊，无奈岑已隐退，不欲管事。章太炎见事无可为，决定出游南洋演说。9月在中国香港以及新加坡，10月在槟榔屿、吉隆坡……

就这样，团聚不到两个月，汤夫人就又恢复了孤身守家的日子，幽怨之下，只能以诗词自遣：

此夜秋心何太苦，狂风骤雨频惊。无情更是酒初醒。枕

函留梦迹,点滴欲成冰。　不耐新凉侵枕簟,起来数尽残更。独依清影傍明灯。虽然甘寂寞,还自怯伶俜。(《临江仙》)

夫婿为公侯,汤夫人只能《望月怀远》:"极目征鸿影,苍茫忆远游。"佳节中秋,也十有八九不得团圆:"如此团圞月,年年只独看。"

汤国梨内心里,真是希望能有与丈夫并肩论文、携手赏梅的岁月。无奈章太炎使命感太强,政治病太重。汤夫人在《寄外子南洋》诗中不禁抱怨:

> 问君何所为,飘然走远方。
> 若为百世名,斐然有文章。
> 若为千金利,妻子安糟糠。
> 南方瘴疠地,奚乐滞行藏。
> 出嫁为君妇,辗转怯空房。
> 阳春骄白日,枉自惜流光。
> 朱颜艳明镜,顾影只自伤。
> 独坐不成欢,一日如岁长。

晚年汤国梨每次向孙辈说起这段历史,总感叹道:"你的祖父真是有国无家。"

10月6日,章太炎收到女婿龚宝铨致书:

> 外姑忽胃肠、风斑两症,六七日前病症加重,即入广仁

医院,又隔三四日间,似小产光景,其势甚急。据医云,不能少动,诚恐小产,现在卧榻不起。本以柔弱之躯,患此疾病,不可轻视。如尊驾可及早言旋,最为盼祷。……

闻得夫人有孕,且有小产之虞,章太炎11月匆匆从南洋返回。第二年4月,长子出生,这是太炎先生第一个儿子,夫妇俩寄望弥深,取名章导。

夫妇俩对章导疼爱有加,太炎先生终年奔波在外,在家书中亦牵挂细微。章导出生三个月后,太炎即离家,因北京爆发"府院之争",张勋拥溥仪复辟,南方各省多宣布独立。7月时,章太炎随孙中山南下广州,组织"护法军政府",章太炎任护法军政府秘书长。时势不稳,太炎先生又开始了为国奔波的岁月,只能在家书中频频叮嘱:"家中安否?衣服宜常晾晒。阿导闻已能走,阴历八九月间,宜为种牛痘也。"(9月1日太炎家书)这样的生活持续多年,待章导长成少年,父亲对他的教导由致信夫人督促改为直接致书儿子:"读书有进步否?"此年章导已经八岁。

常年没有男主人在的家庭,还发生过一些小小有惊无险之事。汤国梨晚年还曾记起某次家中进盗贼的事件。章导刚刚出生不久,章太炎先生并未正式向夫人告知,即随着孙中山先生赴广东护法。因担心章太炎深夜归家,汤国梨并未将家门关严,哄睡了婴儿后,汤夫人假寐未睡之际,忽听后房间有翻箱倒笼之声,她知道肯定是进了盗贼了,失财物事小,要是小偷到母子俩居住的前房来,那危险就大了。

汤国梨只得按下忧惧,强自镇定,故意把小章导弄醒使婴儿啼哭,她则轻轻哼唱催眠小曲,边拍抚婴儿边说:"哦哦,不哭不哭,奶妈马上就来了!"这样一来,既让小偷忌惮家中之人,又假装主人并无知觉,不惊动盗贼,以保平安。大约半小时后,听得小偷似乎翻墙而去,汤国梨才松了一口气,连忙招呼家中佣妇进房陪护。

此事还有个后续,据汤夫人回忆文章中所描述,这小偷后来知道自己所进是章太炎先生家,十分惭愧,等太炎先生回家后即亲自上门返还财物,并道歉赔礼,还自报家门说叫"龙在田",这仿佛取自《易经》的"龙在田"不知是不是化名。此事回忆起来很是传奇,汤夫人可能忘了早年心中惊吓,只当个有趣的故事来讲了。

在这个长年奔波、风光无限的太炎先生身后,要做得一个好夫人,殊非易事!更何况汤国梨也绝不满足于做一个家庭主妇相夫教子,她的社会角色、"家庭外交"使命也是不少。

首要是整理出版太炎先生的著作文章,无论太炎生前身后,这是汤国梨一生的事业。自结婚后,章太炎对于文集文丛出版之事,已渐渐托付夫人操持。1916年9月,为《章氏文丛》事,章太炎因理念事务等方向与出版社相左,遂与右文社解约,拟与商务印书馆合作。这些进退联络、协商、经理之事,在外为国事奔波的章太炎,在家书中会一一交代夫人,汤国梨开始担负起太炎出版经纪人一职,上下左右为之奔走。章太炎年谱中记录8月25日,汤国梨与商务印书馆张元济会面,商谈出版文丛具体条件,后未谈成。

章太炎以中华民国"国师"自任,汤夫人为太炎先生营造强大而稳定的后方,以"章门事务总理"的社会事业与之相呼应,这是更大意义上的男主外女主内,也是学问事业上夫妇相称的相得益彰。章太炎胸中尽是家国天下,汤国梨儿女情长的内心情感,多数不能倾诉于丈夫跟前,她选择诉诸笔端,凝结成最爱的诗词。

1919年闰七月,汤夫人连写三首《鹊桥仙·七夕》:

  人间历换,天河星动,灵雀应填银汉。无端多一度相逢,却赢得、心情撩乱。　　逡巡引犊,迟回停织,不信佳期便转。非关别久怯生疏,似今夕、由来未惯。(《阳历七夕》)

  佳期已到,离情转切,银汉盈盈延望。相思谩说动经年,便小别、也同惆怅。　　双眉欲展,寸肠已结,凤阙鸡声早唱。深情仍是别离多,亦何必、人间天上。(《正七夕》)

  金风萧瑟,银潢清浅,道是佳期再度。人间针线也重拈,愿灵雀、填桥休误。　　玉绳低转,琼楼欲曙,又到断魂归路。百年几度得今宵,自惜别、情怀更苦。(《闰七夕》)

1919年是"五四"运动之年,"中华女子救国会"成立,汤国梨以太炎夫人之尊位,在报上列名支持,给了创始人阮天真、朱剑霞莫大的支持与鼓励。

特别值得一提的是,1921年汤国梨还与徐宗汉、黄绍兰等一众女友一起重办了博文女校,这所学校在中共"一大"期间为参加会议的代表们提供了住宿,汤夫人实为中国共产党的诞生也做出过贡献。

博文女校最初是1914年由黄绍兰、钟佩芙等人创办,1915年改名为"国文讲习科",1916年重新改回博文女校。1917年

第十章　兴亡聚散两依依

至1922年,章太炎夫妇在上海的住地是上海吕宋路(今连云路)"也是庐"(该路9号),而博文女校即在离他家不远的白尔路(今太仓路127号),汤国梨与黄绍兰的友谊也从此时开始。汤国梨曾回忆过:"我家就住在博文附近,我把孩子章㺩送在博文女校小学部读书,就这样认识了黄绍兰,建立了深厚友谊。以后我也带孩子到该校住过。"黄绍兰最为人所熟知的,是与章门另一弟子黄侃的一段虐恋。汤国梨对黄绍兰感情很深,黄绍兰后来不幸离世,乃受这段感情伤害颇深所导致,所以汤国梨至死对太炎大弟子黄侃意见甚大。此事另章详述。

也是在汤国梨的推荐下,黄绍兰成了章太炎唯一的女弟子。章太炎对黄绍兰十分推重,曾如此介绍这个女弟子:"博文女学校校长黄绍兰,余弟子也,其通明国故,兼善文辞,在今世士大夫中所不多见。"章太炎绝不是一个随便赞扬人的人,得太炎先生如此推重,黄绍兰其才可知。章太炎担任博文女校校董(多由汤国梨出面),他亲自为博文女校题写校名,四个篆体

黄绍兰书法作品:1941年手书《遣兴》

大字制成的铭牌挂在校门上,1921年住过学校宿舍的中共"一大"代表,每日必见。

汤国梨有过回忆:"博文女校的校牌,请太炎书写的。在这所学校里发生过一件了不起的大事,就是中国共产党第一次党

代表大会在沪召开期间,参加'一大'的一部分代表即以博文女校为宿舍。"在中共"一大"史料记载中,有"博文女校作为来自全国各地十二名代表中的十名代表的住宿地,中共'一大'的第一天聚会(有人称作'开幕式')及7月2日夜的'预备会',都是在博文女校进行的"。当然,当时的汤国梨与黄绍兰,都不知道这一批住宿在学校里的青年人,在开着怎样的一个会议,开创着怎样一段伟大的历史!

中共"一大"代表宿舍——私立博文女校旧址(今太仓路127号)

1920年8月19日《民国日报》"本埠新闻"也有《博文女学卷土重来》一文称:"法租界博文女学校,前以经费支绌,停办一年期,前闻原创办人黄绍兰女士来沪,校董瞿鸿禨夫人、赵君坚夫人、章太炎夫人及旧日生徒，深以停办为可惜，筹商恢复，改订学程，以应时势需求，设文艺专修科，注重国文英文算学……"

对于博文女校，汤夫人投入许多精力。1926年1月30日《民国日报》报道："法租界打铁桥博文女校，昨日举行寒假休业式，十时开会，由校长黄朴君报告，次来宾严宣，校董汤国梨，教员孙鹰若演说，均勖勉学生于寒假期间，不忘求学，切实温习，以免旷废。"

这真是汤国梨最难能可贵之处，在做好太炎夫人的同时，从来没有缺席过作为一个独立新女性身份的存在。

1919年，"五四"运动爆发，上海妇女界人士先后成立"妇女参政会""女权运动同盟会"，汤国梨被推选为临时主席。她作报告提出"国家、社会、家庭方面，女子具有与男子同等参与之必要"等主张。汤国梨后任理事部部长，崔振华、沈仪彬任副部长，康同璧任评议长，黄绍兰、张魂侠任副议长。1922年10月，在汤国梨的主持下，江苏成立了"女权同盟会"。

汤国梨一双小脚，一面广泛参加社会活动，同时也将更多精力投入家庭，相夫教子，与太炎先生举案齐眉。

爱子章导牙牙学语时，她翻出早年所作小诗《乌镇薛家桥》教其诵读："春水鸭头绿，夕阳牛背红。瓜皮渔艇子，摇出小桥东。"汤国梨对于家乡乌镇的小桥流水，一草一木，一直深深怀念。那里有宜人的风景，有养育她长大的亲人，有童年留下的珍贵记忆，还有从小一起长大的好朋友。1920年3月7日，海上画家沈泊尘去世，年仅三十二岁。汤国梨作诗悼念这个多年好友、族中表弟:"谁识清代旷才无,丰碑烟树乱平芜。魂来纵有丹青笔,忍写孤坟入画图。"

汤国梨不仅悉心教导自己儿子,对于王氏留下来的女儿,亦一直视如己出,悉心养育。大女儿章㸒在太炎被囚北京时轻生,二女儿章叕从小过继给太炎长兄,三女儿章㻞则自小是汤国梨抚育,教导读书。当年带着她在博文女校读书,章太炎常年不在家中,母女俩经常住宿女校,而汤国梨与黄绍兰的友情,就是这样越来越浓厚的。

1923年春天,太炎学生朱镜宙出差上海,顺便去看望章太炎先生,几天后他又与章太炎夫妇一同赴杭。途中,汤国梨细细问起朱镜宙的家庭、职业等情况。当天晚上,汤国梨亲自给这个年轻人送去一碗鸡蛋,并对朱镜宙说:"我看你这个青年,倒还不错;先生有个三女儿,待字深闺,我想给你,你的意思如何?"师母厚爱,朱镜宙感激地说:"不知先生意思?"汤国梨告诉他太炎先生也是这个意思。

于是杭州之行后,朱镜宙又随先生、师母一同返沪,并由汤夫人带去南京,直接与正在南京读书的章㻞见面,章太炎拟写了一则便条给女儿:"汝母此来,是为汝事。"在南京,章㻞接待了母亲与朱镜宙,就此便订婚了。1924年3月13日,章㻞与朱镜宙在上海一品香饭店举行了婚礼,于右任贺联:"视夜明星烂,传经血统尊。"

章太炎的两个女儿都嫁给了自己的学生,长女嫁与龚宝铨,夫妻恩爱,可惜长女早亡。朱镜宙与章㻞婚后也很恩爱,生了个女儿名叫朱人娴,后担任空姐。可惜的是1948年冬天,朱人

于右任赠朱镜宙、章珏婚礼贺联

娴在上海飞往香港的途中遭遇事故,不幸罹难。

1924年9月,她与太炎先生的第二个儿子出生了,取名章奇。

这一年的1月16日,章太炎友人弟子还发起为太炎先生庆五十六岁寿辰活动,在上海远东饭店陈设寿筵。中午晚间连设宴席,还有各种游艺助兴,李根源、马君武、冷遹等,还有多名国会议员到场。这样子安宁的生活应是汤国梨所满意的,社会地位尊贵,家庭生活顺遂,为学者丈夫经济学问,为家中儿女操持养育……

然而,看似表面平静无波的生活,但在此时太炎先生的行为举动,已经开始进入国民党蒋介石政府的警惕关注范围了。史料记载,这一次纯粹是朋友弟子发起的寿筵,也进入了上海工部局警务处"情报"记录:"约有四十二个国民党人祝贺著名文人章太炎寿辰。"

汤国梨兰质蕙心,怎能看不清局势?章太炎总想为国家而作为,汤夫人在一心支持他的同时,内心深处还是怀着双双归隐林泉的希望。

归隐何时遂素怀,且从意境寄形骸。
千山冻雪连溪白,万树梅花绕屋开。
寻梦吟魂随蝶去,烹茶疏石引泉回。
蓬莱岂在人表外,方寸灵虚独往来。

时移势易,局势很快不同。只不过此时困局与危险尚未显现,实则国民党政府对章太炎的制裁已在酝酿之中。

11月16日,章太炎在给李根源信中说:"才绫自仲夏还居同孚路贷寓,终日宴坐,兼治宋明儒学,借以惩忿……行年六十,不久就木。"

太炎对国事政局的主观绝望与放弃之心态,正从此时发生,"见说兴亡事,拏舟望五湖"。1927年是章太炎的心路历程最转捩的一年,自此以后,他从积极转向消极,精神上开始正式解除政治关注。被迫与世隔绝,对于一手缔造的中华民国发展的绝望,无力回天的他整日郁郁寡欢,忧闷愁苦。

章太炎与汤国梨志同道合、同甘共苦。他们共度二十三个春秋,汤国梨除赡老抚幼,照顾太炎起居之外,还抛却小家庭的私情私念,全力支持并参与章太炎讨袁护法、反蒋救国、抗日救亡等重大社会活动。1927年,蒋介石发动倒行逆施的"四·一二大屠杀",章太炎义愤填膺,痛斥蒋介石为刽子手,大声疾呼"'中华民国'死亡了"。国民党上海市特别党部对此十分气恼,两次下令"通缉著名学阀章炳麟",汤国梨顾及章太炎的生命安全,将其先后转移到虹口吉住辛次郎医生的吉住医院和妹妹汤国槃家中,精心照顾,百般劝慰,顺利躲过了白色恐怖。

当太炎不能再拥有他孜孜以求的政治家身份,在失望与郁闷中回归到家庭生活时,面对不甘、无奈、臭脾气的章太炎,如何让他身体健康、心情愉悦,让他的一腔事业之心有所寄托,满腹渊深学问不致深埋而能传之后世……又一个全新的课题摆在了汤国梨的面前。

太炎先生娶妻当药,那么汤国梨这一剂药,要再一次为章太炎的人生救弊、补偏、养正!

第十一章 携将书剑隐小村

1927年6月16日,国民党上海特别市党部临时执行委员会,以"通缉学阀事呈中央",第一名"著名学阀"就是章炳麟。其余还有黄炎培、沈恩孚、张君劢、刘海粟等。

被通缉的章太炎,只能被迫匿藏在虹口日租界一家日本人办的吉住医院避难,生活困顿。一直到1928年底,在老友们的疏通下,国民党政府才决定始不缉拿,而限他闭门思过。闭门思过?那章太炎是何脾性?祢衡击鼓骂曹,哪见他巧言令色屈服于权势的?稍有自由的章太炎,一有发声机会就又发表反蒋言论,没几天就被国民党再次通缉。他不得不再次匿迹,就这样过着东躲西藏半囚半公开的生活。

人人都说章太炎魏晋风度,只看到他狂放不拘、任诞无畏的名士精神。而他真正的魏晋风度,其实是与竹林七贤一样深植于内心的大悲凉。阮籍哭途穷,不为车无行路,而为人生处困境,更为天地无光明;嵇康临刑抚琴,天地含悲,风云变色,不为《广陵散》琴曲的灭绝,而为其时权臣当道,忠义难行,铁汉精神的玉山倾颓。在国民党多次通缉而四处隐藏的章太炎心中,可以捂住他的嘴,但不能屈服他的心!他也像在竹林中的嵇康、阮籍一般,充塞着对社会与时局的悲痛与愤怒。

第十一章　携将书剑隐小村

蛰居时期的章太炎生活困顿，家庭经济的重担都压在汤夫人肩上。香港名医陈存仁以太炎先生学生自居，在回忆录里详细记述了许多章太炎此时期的日常生活，虽多有夸张与虚构，然而对于生活困顿的描述，颇能见出当时汤夫人操持家计的艰辛。

他描述当时章家菜肴粗劣，桌上常年是腐乳、花生酱、咸鱼、豆腐，都由汤夫人就近购买。章太炎嗜好抽烟，自己吸"金鼠牌"，来客飨人则用"大英牌"。穿的衣衫，常年也不过三四套。还说师母告诉他，太炎先生最怕洗面，更怕沐浴，手指甲留得老长，指甲内黑痕斑斑。

据陈医生回忆，太炎夫妇唯一的收入是卖字。朵云轩主人每次来，写上大件小件百十件，留下润格银币五十元。

卖字维生，终究是为五斗米折腰的事情。然而，我总不相信章太炎此时所写的应酬文字，都是为了得到酬金或润笔，更不相信有些回忆录文字中关于汤国梨连哄带骗让太炎卖文、收到润笔即喜笑颜开的记述。生活固然艰难，然而汤夫人在袁世凯时期那样艰难都不屈不挠，立定素心，而今怎会以学问为商品，只为求得丰衣足食？

关于太炎先生应酬文字，最具争议的恐怕就是这两篇，一篇是1928年黎元洪死后他洋洋洒洒写下的《祭大总统黎公文》，另一篇是他为海上大佬杜月笙写下的《高桥杜家祠堂记》。

对于黎元洪，章太炎一贯推崇。早在1921年，日本作家芥川龙之介以《大阪每日新闻》海外记者的身份前来中国访问，四五月在上海时，会见了章太炎先生。他注意到章宅墙上悬挂着黎元洪所赠的横轴"东南朴学章太炎先生"几个大字,可见太炎先生对黎元洪的认可。为他写祭文当然不是为润笔,甚至都不能归入应酬文字。黎元洪的死讯对章太炎来说"地坼天崩,哀感之极!"(《致李根源书》)他的挽联:"继大明太祖而兴,玉步未更,佞寇岂能干正统;与五色国旗俱尽,鼎湖一去,谯周从此是元勋。"下署"中华民国遗民章炳麟哀挽"。

对于杜月笙其人,行为方式亦正亦邪,极会做人,极会笼络。杜月笙内里帮派行事,外表一袭长衫儒生风范。像章太炎这种对一切怀疑、不按常理出牌、对人情世故又极天真的人,很容易就对了胃口,对杜月笙的观感与交情,亦非几笔能说尽。写作《高桥杜家祠堂记》的因缘,太炎夫妇从不与人辨析说明,也无须与人辨析说明。至于说写作此文得了杜月笙好大一包墨金,维持了汤国梨好几个月的生活开支,即使结果如此,却非写文目的。

虽鬻书鬻文是蛰居上海的章太炎谋生计的无奈之举,但他对金钱问题还是从不上心。家里的开支,小到柴米油盐,大到买书购器,全部压在汤国梨一个人身上。想办法开源节流,有时还需要典当。而章太炎在日常生活上,就像个儿童。江湖上许多传说,说他常常连自己居处地址都弄不清楚,出门买书买烟回家,上了人力车却说不出寓所地址,车夫拉了半天问他究竟何处,他就说:"我是章太炎,人称章疯子,上海人人知道我住处,你难道不知道吗?"车夫没有办法,拉他回到店里,才知道他的地址。这些都是常事,见怪不怪。

天才多有怪癖,自古皆然。晚年的太炎先生,鼻疾严重,舌头亦不能辨味,他上桌用餐,往往只吃面前的一二道菜。要想营养均衡多样化,就必须有人布菜到他面前。这一份古怪,倒真像宋朝那个"拗相公"王安石,也是目中无物,只食眼前菜蔬的主。宋人笔记中记载王安石吃饭,有一次把面前的鹿肉吃得干干净净,于是人家都以为他喜欢吃鹿肉,就争先恐后地送鹿肉到王家。夫人觉得奇怪,待问明缘由后说,下次你们吃饭的时候,在他面前放小菜试试,结果王安石果然将小菜吃得干干净净,而桌上的鹿肉则丝毫未动。王安石还特别脏,几月不洗澡不换衣,每天蓬头垢面,满身汗臭,搞得同僚们看不下去,常常硬拉他去洗澡,甚至建立了一种固定活动,名之为"洗涤介甫"。

江湖传说中章太炎的邋遢、痴傻、固执,也许有很多是人们移植了王安石的逸事,因为在亲友后辈弟子的记载中,在流传下来的太炎先生或个人或家人或朋友弟子的影像中,章太炎先生都是整整齐齐、干干净净,哪里有像小说家传言中的脏乱陋习,蓬头垢面?那些传说章太炎穷酸、抠门、不识金钱为何物的奇闻,也多有偏颇,除了在上海东躲西藏时生计稍窘迫,太炎一生都不曾受穷。这由后来的购书、买房、古物收藏等为有力证明。

章太炎作为一个个性强烈的文人,生活中不同于常人的不拘小节,则是真实的。比如章太炎好吸烟、好饮酒,如果无人阻止他,则自旦至暮,由暮达旦,不得休止。而夫人汤国梨的职责,则是必须时时刻刻注意并观察,到一定时间,就得去劝止,要做好先生的起居闹钟,生活的"经理人"。

生活中的汤夫人对太炎先生,如照顾孩童一般事无巨细,太炎先生长夫人十四岁，却依赖夫人如姐如母。而夫妇两人精神上的契合，则又如并肩创业的伙伴一般，配合默契，学问事业一同精进。

汤国梨当初嫁给章太炎的初心，就是想以国学大师为师，在学问渊深的夫君身边，随时讨教，精进成长。

章家居上海时，汤国梨与当时海上文化人士多有往来。著名画家吴湖帆夫妇，与汤国梨往来很多。1929年的汤国梨有一阕《鹊踏枝·题吴夫人梅景书屋绿遍池塘草图》很有意思："咏絮清才今复睹，墨妙风流、梅影新词谱。福慧双修天付与，谪仙还厌红尘住。 离恨人间无计补，芳草依然、绿遍池塘路。池上更谁吟秀句，断魂时节清明雨。"写的就是吴湖帆夫妇的事情。

《梅景书屋图》是吴湖帆于1929年在梅景书屋所绘的一张山水画作，并以自己的书斋"梅景书屋"题名。裱边两侧有吴湖帆及其夫人潘静淑的题词，吴湖帆题写了南宋吴文英的婉约词《瑞鹤仙》，潘静淑题写了同一词人的《烛影摇红》，书画相得，夫唱妇随、相映成趣。

汤国梨题词中的吴夫人，即吴湖帆夫人潘静淑。潘家家世显赫，属苏州"贵潘"，世代为官，家中收藏颇丰，藏品以书画最为丰富与珍贵，书画收藏扬名于世。吴湖帆本人善书画、精鉴定，曾三次担任故宫博物院书画展览审查委员，素有"一只眼"之称。民国时期，吴湖帆与溥儒合称"南吴北溥"，后与吴子深、吴待秋、冯超然有"三吴一冯"之称。

也许汤夫人内心里，也是想与太炎先生拥有这样的诗书相称的诗侣岁月。然而她也知道，太炎先生对于家国天下的那一份热血，依然未凉。

1931年9月18日，日本在沈阳制造"九一八事变"，日军强占东北，三个多月时间占领东北全境，实行杀光、烧光、抢光的"三光"政策，所到之处横尸遍野，三千多万同胞沦为日军铁蹄下的奴隶。

面对日军的侵略行径，面对南京政府的瞻前顾后，拒不抵抗，章太炎暴跳如雷，忧心似焚！他想起当年担任东三省筹边使，东北军"大帅"张作霖，虽满身军阀作风性格刚烈，办事圆滑，但面对关东军却总是民族大义不亏。因不与关东军合作而激怒日本，1928年6月4日，在乘火车时被日本关东军预埋炸药炸成重伤，当日送回沈阳官邸后即逝世，史称"皇姑屯事件"。

章太炎当年任东三省筹边使时，与张作霖打过交道，算起来"少帅"张学良乃子侄辈。他决定北上，去见张学良，要求他在东北抗日。

1932年2月，为了鼓动抗日，章太炎与老友龚振鹏一起北上见张学良。他大骂蒋介石不抵抗主义，是卖国军阀。张学良去见章太炎的时候，章太炎对着张学良大声疾呼，声振屋瓦，激昂慷慨。龚振鹏后来回忆："太炎先生跟张汉卿谈话后，张氏头脑立刻清醒，事后却又忘了。下次再谈又感到觉悟些，不久依然淡忘。"

也许，张学良并非觉悟又淡忘，而是遵照了蒋介石的不抵抗意志。章太炎则书生心肠，位卑未敢忘报国，哪怕处江湖之远，也时时心忧家国。抗日战争爆发前夕，国难日趋深重，章太炎与汤国梨夫妇也曾经上书南京政府，建议利用日本内部矛盾（时日本国内发生"二二六事变")以纵横捭阖,阻止日本的侵华,南京政府置若罔闻。对于蒋介石本就无好感的太炎先生,对他如今的不抵抗政策,更是深恶痛绝。

他对蒋失望,对北上鼓动张学良也把握不大,然而他还是毅然地去行动了。对于章太炎而言,这是他作为中华民国缔造者之一最后的不甘,也是他一生中政治上最后一次努力。张学良最终的选择如今众所周知,章太炎的北上失败了。他无奈、灰心、绝望,他真正清醒了,对于这个国家,他一介书生已无能为力!

1933年寒食节,汤国梨填词《蝶恋花》,开篇曰:"抱病伤时愁万叠。陌上繁花,无赖还争发。蜀魄难招心断绝,子规辛苦空啼血。"此时,夫妇俩对于国家政治已生绝望,大道不行,乘桴浮于海,"杨柳楼头今夜月,玉门关外天山雪",汤夫人劝说太炎先生,不如专心学问,归隐讲学培育门生弟子,传承文化衣钵。

章太炎一生目高于顶,世间人物能入他眼者寥寥无几,然而一物降一物,他在家中对于汤夫人的意见,每每听从。哪怕在少有人懂的学术领域,汤国梨也敢对先生直言不讳。

当年脱离袁世凯的囚禁回到上海,章太炎开始整理自己的著述文字,汤国梨也会提出她的意见和建议。她说:"虽然我自知不学无术,但对太炎的文章,记得曾向他当面指出,他年青时期即靠笔杆子鼓吹革命,可是有些文章中所用的文字,常有很古僻的或古体字……"比如从他给三个女儿用怪僻字起名就可看出他的文字癖好。汤国梨说:"鼓吹革命宣传的对象,首先是在我国占人口总数百分之八十的农民；其次为多数的工人，绝大多数是识字不多和不识字的；再次是城市平民，虽然识字多一些，但对这种奥僻的文字，也只能望洋兴叹。所以我认为越通俗，则作用越大。"章太炎听后，回答道："你的意见我不反对。"可见对于夫人的意见，太炎先生听得入脑入心，从他后来给两个儿子取名"导"和"奇"，就不难看出他的转变。

不只是生活琐事，在一些重大问题上，汤国梨的意见在章太炎那儿也是举足轻重的。如1927年国民党上海特别市党部下"通缉学阀章炳麟"令后，有两个老同盟会会员（据汤国梨回忆为游某、李某），经常来章太炎家找他密谈。汤国梨很快知道，原来这二人向太炎先生说是在日本已组织了一个流亡政府，大家想请章太炎出任总统，希望他尽快东渡，主持反蒋大计。章太炎本是反蒋的，听了这二人的游说，心里真的开始犹疑。汤国梨知道后，不想丈夫被人利用。那天，她当着那两个人的面，对章太炎说："这个家是你的，也是我的，是我们共同的家，如果你要去当总统，我绝不当总统夫人；你离家去日本当中国的流亡总统，我也绝不会和你一起去。你走了，这个家就是我的，此后无论你当不当总统，不必再来过问这个家。"汤国梨的反对，使章太炎一下子冷静下来，最后拒绝了那两人的荒唐建议。

汤夫人的冷静与智识，太炎先生十分看重，对夫人让他归隐讲学的提议，深以为然。加上他对时局的失望与灰心，还有内心对于教授学问的真切爱好，共同促成了太炎先生的杏坛讲学事业。考查1932年至1936年，章太炎在政治上的重大活动，一次也没有了，他仿佛是让自己接受了一个现实——书生唯一的能力是讲学！夫人汤国梨追随他到上海、杭州、苏州，太炎先生开坛设讲，开创了一生中最后的大事业。

章太炎先生学问之大，渊深海阔。他一生讲学，孜孜不息，至老不休。太炎先生自诩革命家、政治家、医术家，实际他最博大精深的，就是他的学问。鲁迅先生曾说他是有学问的革命家，对他后期讲学生涯，评价为人生的渐入颓唐，也对，也不对。对于章太炎之所以从冲冠斗士转向三尺讲坛，作为弟子的鲁迅对于老师的心境体察，终是稍嫌不足。而另一弟子汤炳正则说老师是革命的学问家，把他最终的人生定位在学问家这个身份上，这样的评价至少比鲁迅的妥当。

章太炎的讲学，一生之中长长短短的有十几次，但是主要的有四次：第一次是在日本讲学。"苏报案"发生后，章太炎东渡日本，1908年至1911年，在东京大成中学讲学，鲁迅、周作人等又有小班上课，设在《民报》内章太炎住所。第二次是从日本回国后，1913年太炎先生被袁世凯软禁于北京期间，无法出门，则"以讲学自娱""聊以解忧"，地点在北京化石桥共和党本部。第三次讲学是1922年夏天居住上海时，章太炎应江苏省教育会的邀请所作的国学系列演讲十次，持续了一个半月。章太炎名满天下，讲学活动声势浩大，由于他国语不好，便由刘半农任翻译，钱玄同写板书，马幼渔倒茶水，可谓盛况空前。也是这次愉快的经历，让章太炎在安家落户时内心选择了苏州。第四次，是章太炎于1933年1月在苏州成立国学会办学讲课，学会以《国学商兑》为会刊，后改名《国学论衡》。

1933年至1934年，章太炎还在苏州公园的图书馆，先后演讲二十多次，也成为苏州一时盛事。他又于1935年开始办"章氏国学讲习会"，作为私人学校开门收弟子，讲学授徒。

汤国梨一手经理太炎先生的讲学事务，以在苏州地方的参与最为深入。"国学讲习会"由章太炎为主讲，另聘有多名讲师，由汤夫人担任该校教务长。讲习会学制二年，分成四期，有规划地进行课程安排。各个学段依学生程度不同，分班教学，程度低的有类似预科的基础班，程度高的有"研究生"班。

太炎先生论政论学，皆无不通达，头头是道，但一碰触日常生活事务，就能力低下。章家决定从上海迁居苏州时，朋友李根源介绍他在苏州买一处房子，那所房子在侍其巷，前面一重是楼房，房后面院子里栽了几棵树。他走去一看前面，很满意地说："还有楼！"到后面一看，院中草木茂盛，有两棵大树，大呼："一木可得，古树难求。"他又见院中有亭一座，又大呼："有亭，难得！"反正是"甚好，甚好"，马上给此宅取名"双木草堂"。他觉得自己觅得佳屋，扬扬得意。一问价格三万元大洋，竟一分不还就掏钱买了下来。等到汤国梨赶到苏州看房，则发现房屋可用面积很小，且隔墙就是一个纺织厂，终日喧闹，这样的地方哪里做得了学问？况且价钱高出了市价一倍……但业已买下，无法反悔。没办法，汤夫人只好把这房子空着，雇人看守，再另寻房源。太炎先生此时只好悻悻认错。

后来汤国梨又在锦帆路看中一处房子，是前后两幢的洋房。两幢中间和后楼后面都有小花园，汤夫人一看极其喜欢，价格也较为实惠。前面太炎先生大手一挥的那一幢，出了三万元大洋，而这个有前后两幢楼，只要二万七千大洋便可买下。她决定购入，装修改建后，便正式举家迁居。太炎先生甩手掌柜一个，老早一个人搬了进去（现在的锦帆路38号），汤国梨则一点一点，燕子衔泥一般，把整个家慢慢从上海搬到苏州。汤国梨有一首《梁燕》正是写了搬家的过程："君似玳瑁梁，侬似梁间燕。衔泥营君屋，辛苦谁曾见。"

锦帆，顾名思义，锦绣之帆、华丽之舟。锦帆路的屋址，原是一条环绕了吴王宫殿的河泾，传说吴王夫差与美女西施常常在此乘舟出游。吴王所乘之舟，船帆用锦缎做成，十分华丽。常停着锦帆之舟的地方，就被称作"锦帆泾"，后来填泾成路，就叫锦帆路。这地方又叫王废基，说是吴王废弃的宫殿旧址。章家前面的路叫饮马桥，是众官员上朝下马，马在此休息饮水处。据章念驰先生说，家里园丁在挖土时，曾发现土下铺满吴王宫殿旧址的大青石，据说还挖到过金器。

锦帆路章宅的国学会成立后，学生从全国各地负笈而来，最小的十八岁，最大甚至有七十三岁的，外地来求学者，则需提供住宿。汤夫人个人出资，又购入屋后空地十余亩，造了一幢十开间的二层平房，人称"十开间"，作为讲习会的课堂、食堂、宿舍、办公室等用。原来太炎先生在侍其巷买下无法作住宅的房子，则开设了预备班。

锦帆路的房子，前楼由章太炎居住，二楼东房为睡房，中间会客，西房作书房，书房有门可通往隔壁的"藏书楼"。"藏书楼"是后来加盖的，藏书丰硕，据说达十万册之巨，也是吴中数得着的藏书之家。汤国梨则带着章导与章奇住在后楼。

太炎先生讲学的课堂与宿舍也都在锦帆路房子里，其盛时，住校者就达百人之多。章太炎讲课，纸烟在手，吞云吐雾，讲课不用讲义，不带参考书，背诵《说文》《尔雅》，学生们听得如醉如痴。姑苏城中，丝歌雅颂，一时称盛。汤国梨有诗记其事：

> 凌晨事盥沐，开门扫积雪。
> 障碍去务尽，庭际清且洁。
> 或有故人车，来与谈风月。
> 厨中足馀馔，瓮头酒新发。
> 慎勿怨清贫，但恐芳时歇。
> 樽前须尽欢，相看有华发。
>
> （《元旦与外子扫雪》，1932年元旦）

> 寻常风月岂相关，莼菜鲈鱼亦等闲。
> 不是黄花和紫蟹，秋风应不到人间。
>
> （《持螯对菊，乐事也，口占一绝》，1932年秋）

此时期的家居讲学生涯，遂了汤国梨理想中的孟光梁鸿愿。在许多的后人回忆章太炎先生的文章里，汤夫人这个太炎先生的贤内助，学生们的好师母时有出现。书画名家蒋吟秋作联赞誉："大师讲学称贤助，淑德扬风仰久长。"

有学生记得，到苏州章宅拜访太炎先生，一进家门，汤大人便将讲学会中相关书刊送上，慈祥恳挚，让人如沐春风；辞别章宅时，汤夫人总是殷殷送别，并嘱托要多通讯息，恳切地发出邀请，让客人有兴再重来。还有学生印象深刻地忆起，每与太炎先生畅谈多时，汤夫人便不时送上一些小点心，一为待客，二亦是暗中提醒太炎，恐他长时间思虑兴奋，不暇休息，有碍养生。学生们都知道，太炎先生天不怕地不怕，但十分听从师母温柔的劝诫之语。鸿案相庄，太炎夫妇其乐有逾于秦嘉徐淑者也！

从来不知道岁月静好为何物的章太炎，从来有国无家只知道到处奔波的章太炎，在苏州有了一生中最难得的平静，有了属于平凡人的幸福生活。汤夫人给他营造了一个温暖而平静的小宇宙，一座遮风挡雨的桃花源，在这里，他自由地讲学，做着生命中最擅长的事情；他愉悦地享受天伦之乐，从身体到精神，都进入了一片春风和暖。章太炎娶妻当药，这一阶段的汤夫人对于他来说，是每天一份的药膳，小火慢炖的温补滋养，把太炎先生前半生的风雨侵袭，一点一点地修补、调理。

太炎先生的入室弟子沈延国是苏州人，在他的回忆录中这样回忆锦帆路章宅：

> 在文化古城——苏州——公园南端，锦帆路上，两旁古老的杨柳，随着微风飘动，间或有一辆汽车缓缓地驰过外，终岁宁静，人们徜徉其间，感觉到幽闲深远。不数步，呈现一排短短的矮墙，大门终日开着，上面有紫藤垂下，两旁悬挂一手苍老的王字招牌，"章氏国学讲习会"和"制言半月刊社"。没有门房，亦没有门警，显示出一种自由气氛。里面有悠悠深思的青年讨论着《尧典》的真伪，《左传》、《周官》等问题，或古声韵上的发明，这就是声闻远布，研究历史语言

最高学府了。在学府后,矗立着两幢洋房,最前一幢,就是先生的起居之所。走进会客室时,圆桌旁常围着许多拜访的人们,其中显出庄严、端肃,满口余杭官话,吸纸烟不离口的,这就是革命战斗的勇士,也是国学大师——太炎先生了。

自从民国肇始,孙中山先生让位,袁氏当国,后来北伐失利,军阀混战。在蒋介石当政后,国共两党又分分合合不休。"九一八事变",卢沟桥枪声,日寇铁蹄在中国长驱直入,可叹中华大地,哪里还放得下一张安静的书桌?苏州章氏国学讲习会,自然也不是世外桃源。

日本军国主义夙以征服亚洲独霸太平洋地区为国策,对于中国,早就狼子野心觊觎已久。甲午战争以来,日本占领中国台湾、占领朝鲜、占领中国东北,接下来就作吞天之想,要占领全中国。

严夷夏之防,是章太炎一生志节所在,对于抗日战争,章太炎提倡最力。还是居上海时的1932年1月28日,淞沪抗战爆发,章太炎亲笔撰写战斗檄文《书十九路军御日本事》,通电天下,鼓舞全国人民的抗日斗志。汤国梨也不顾已至知命之年的身体,邀约黄绍兰、沈仪宾、赵敬若等上海妇女界人士,群起活动,选在堂兄汤在如家中,康脑脱路(今康定路)胶州路口如升里底的两幢石库门房内,筹设第十九军伤兵医院,救护抗日将士。汤国梨亲力亲为,负责总务,四处奔走义卖、募捐,广为筹措救护经费,抢救、护理一百四十余名十九路军伤员,仅有一人因伤势过重身亡。医院一直办到了淞沪战事平息,历时近一年。

1935年12月9日,北平(北京)大中学生数千人举行了抗日救国示威游行,即著名的"一二·九运动"。章太炎与汤国梨时居家苏州,得知消息马上行动,大力声援学生运动。得知上海有请愿的学生去南京,青年们途经苏州时,太炎先生让夫人汤国梨去车站慰问爱国学生。于政治沉默已久的章太炎,致电国民政府:"学生请愿,事出公诚,纵有加入共产党,但问今日主张如何,何论其平素?"从倾向上看,此是章太炎对于共产党思想上的一次重要转变。

太炎夫妇不党不派,唯有一腔爱中华民族的赤诚。1936年,沈钧儒等"七君子"被囚,汤国梨多次去狱中探望,并设法营救。"七君子"出狱后,汤国梨又与太炎一起设专宴庆贺。汤国梨一介旧时代的女流,其爱国行为与爱国精神丝毫不逊时代中的慷慨之士,她的词作《临江仙·感事》中的两句"艰难家国恨,俯仰涕纵横""天下兴亡原有责,是谁误尽苍生",明白表露了她一片赤诚的爱国心迹。

章太炎虽然退隐讲学,超然物外,然"太炎一篇文字,胜过用十万兵马",故蒋介石还是欲拉拢章太炎。1935年春,国民党"中央军委"丁惟汾至苏州探望章太炎,留下支票一万元,说是供其"疗疾之用",实则是蒋介石为缓和各方批评的糖衣战略。来人到章宅后,不由分说留下支票即离开,章太炎退又退不得,用又不想用,拿着这一万元,心里懊恼得很。

汤国梨机智,她建议说,不如将此款收下,并登报申明是国民政府支持章氏国学讲习会,发扬文化之用。这样一来,即巧妙化解了这一棘手的问题。

汤国梨一心照顾太炎先生，1935年1月4日正值太炎寿诞，汤夫人张罗在苏州为章太炎祝寿。段祺瑞、冯玉祥均派代表莅苏祝寿。报载："朴学大师章太炎，昨为六旬晋七寿辰，贺客盈门，贺联寿幛，琳琅满壁……"邵元冲夫人张默君，唐群英、唐三等均亲自由京杭两道来苏登门祝寿。汤国梨与张默君多年友好，此时，情路曲折的张默君已与邵元冲结婚，夫妻恩爱无比，汤国梨也为好友由衷高兴。第二年春天，张默君夫妇又到苏州，与汤国梨等人重游可园探梅。张默君作诗《民国廿五年丙子春暮，探梅可园，回忆民元主大汉投于此，不禁感慨系之，次韵奉影观学姊大雅，并尘吟秋佩静诗家粲定》：

廿五年来溯史诗，天声大汉愧撐支。
无边香雪应相识，低首尊前十万枝。

汤国梨与张默君由熟悉的梅园香雪海想到当年革命盛事，二十五年已过，此间国内国际风云变幻，人事沧桑，不禁感慨万千。

讲习会事务繁忙，汤夫人既要经理学会中大小事务，做好讲习会的后勤部长，又要做好教务主任，安排课务，照应学生，还要体贴照顾太炎的生活起居。这时候的汤师母，真是一双小脚，来回奔忙，哪得一丝空闲？

"吴江风物略似乌镇，而他乡终非故乡，春明花发，因成此调。"汤国梨每每忙中稍有得闲，总是特别想念家乡，想念亲人。

她一口气,写了一套《菩萨蛮·如今却忆青墩好》:

如今却忆青墩好,板桥竹径青溪绕。茅屋向阳开,呢喃双燕来。日长人意倦,抛却闲针线。一架晚蔷薇,晴蜂扑地飞。

如今却忆青墩好,青墩人已他乡老。乡思乱如丝,丝丝上鬓丝。春灯风雨里,往事低徊记。若得是当时,人生何不归。

如今却忆青墩好,柔桑绿遍行人道。几处鹧鸪啼,蚕眠叶渐稀。东风连夜雨,花发庭前树。春草又芳菲,天涯人未归。

如今却忆青墩好,春来处处生芳草。陌上菜花齐,娇黄望眼迷。鸣鸠啼不住,朝雨轻如雾。杨柳软如绵,东风寒食天。

又以《离亭燕》为词牌,成词一阕记梦:

尝梦身为五岁幼女,俯船舷弄流水,仰见水阁有少年,丰度雍雍,转瞬已成五十许人,感衰暮之易,悲泣而醒。

画阁商量茗椀,身世轻舟推转。掬手临流悲逝水,俯仰顿成凄惋。为问倚楼人,知否朱颜已换。 闻道采樵归晚,一局棋枰未散。偷得闲情刚半晌,不道斧柯已烂。哀乐笑无端,缘会三生恨长梦短。

国事堪忧,家事亦令人愁。章氏国学讲习会中,主讲人章太炎先生身体每况愈下,鼻咽之疾已非常严重。据太炎学生王基乾《忆余杭先生》文:"先生病发逾月,卒前数日,虽喘甚不食,犹执卷临讲坛,勉为讲论。夫人止之,则谓'饭可不食,书仍要讲'。"

第十一章 携将书剑隐小村

"饭可不食,书仍要讲",1936年6月14日,硬骨头章太炎无法战胜病魔的侵蚀,因鼻窦癌病逝于苏州寓所,享年六十八岁。

这里值得记录一笔的是,太炎先生作古的前十天,终于回了蒋介石给他的信。抗战时期,大敌当前,蒋介石表示礼贤下士,曾致信章太炎请教对策。这时太炎先生病重,他回信说,国共应一致对外抗战,可将共产党的军队视为"民军",让他们开赴晋察冀前线作战,他说共产党对外是决不会投降的。

虽然章太炎一生对于共产党的认识不尽彻底,但他清楚地看到共产党对于中国及中国人民的赤胆真心,这一点,太炎先生看得很准!

章太炎国之大师,驾鹤西去,南京国民政府随即成立国葬筹备委员会,并发政府令:宿儒章炳麟,性行耿介,学问淹通。早岁以文学提介民族革命,身遭幽系,义无屈挠。嗣后抗拒帝制,奔走护法,备尝艰险,弥著坚贞。居恒研精经术,抉奥钩玄;究其诣极,有逾往哲。所至学为事,岿然儒宗,士林推重……

太炎先生一代儒宗,中华民国创始人之一。其葬礼仪式规格,自然非同小可。但据《邵元冲日记》披露,蒋介石政府在此事处理上却极其纠结,对于太炎葬礼,蒋是属于内心深处并不想好好办,表面上却又不能不办好的心态。

浙江风俗,人死后要行"结爻"之仪,即在棺材内用打成结的绸子覆盖遗体。国民党政府当局要为章太炎举行国葬,要用青天白日旗覆盖,而汤国梨坚持买来红、黄、蓝、白、黑五色绸子,按当年民国五色的旧制国旗顺序,依次排列在棺内覆盖。"棺内用五色绸带,将尸盖没",汤夫人下令说。很多人见汤夫人此举，内心不禁惶恐，生怕得罪蒋介石。汤国梨凛然说："五色旗孙中山先生也赞成过，为什么不可用？太炎先生一生为辛亥革命的胜利，为五色旗的诞生，出过力，坐过牢，而没有为国民党旗效过什么劳，因而用五色绸为他结交，最为恰当，你们怕，责任由我负。"

汤夫人深知太炎一生忠于共和国体，不党不私，风骨峭峻。又深知他一直对蒋介石政府的反感，章太炎在民国元年（1912）就与蒋介石交恶，一直反蒋，南京新政府一成立，蒋介石、吴稚晖、戴季陶等人就立即以"反动学阀"名义"通缉"章太炎。1928年又以"言论反动"再次"通缉"他，逼得太炎先生只好销声匿迹，与社会隔绝。1931年，东北"九一八事变"爆发，1932年上海"一·二八事变"爆发，日寇入侵，抗战兴起，他发表了众多抗日言论，北上面见张学良促全民抗战，但一切的一切后来都让他失望了。章太炎先生一直称自己是"中华民国遗民"，他认为"民国已死"，今天最后的礼仪，他绝不愿意盖上青天白日旗的。汤国梨知道，这份大义的维护，是非她出手不可的。

国势动荡，总统冷漠，这国民政府的国葬之举也是犹犹豫豫，旷日持久。据《邵元冲日记》所载，从6月14日接到太炎逝世的消息，成立国葬筹备委员会、讨论拨款、选择墓地，直至12月2日，中央政治委员会才通过章太炎国葬费两万元的方案。此时，距太炎先生逝去已过去半年之久了。

这一年，对于汤国梨是雪上加霜。太炎既殁，汤国梨弟弟汤国棠在上海也逝世。汤夫人有诗记《仲弟外子相继逝世，忌辰皆在春暮，送春湖上，不胜悲怆》："我是天涯断肠人，湖山举目总伤神。花残月缺难回首，掩泪听人说送春。"

伤心不敢立花前，一年痛失两个至亲，汤夫人形销骨立，悲伤欲绝。她翻检遗物，看着夫君的一张遗像，回忆他临终情状：太炎殁后，笑容可掬，数时后笑容始敛。

> 挣扎人间七十年，一朝撒手万缘蠲。
> 我来恸哭君含笑，下子输君一着先。

> 来时无端去更空，临危一笑太从容。
> 陆沉人有池鱼惧，正气长留端赖公。

"正气长留端赖公"，而太炎身后诸事，端赖汤夫人奔波。

> 暮云低，楼影直。楼外山光，山外斜阳色。嘹唳孤鸿怜影只。缺月疏林，何处还寻得。
> 画堂深，凉夜寂。幽思迢遥，绕遍天南北。冷砌吟蛩啼永夕。扶起残魂，独对孤灯侧。
> 月华凉，虫语哽。梦掩空帏，倚枕和愁听。泪洗残妆慵自整。万转千回，幽恨无人省。
> 烛花摇，光不定。九死残魂，扶起灯前影。冰簟无温衫袖冷。扪遍雕栏，雨隔空楼迥。

"残阳既暝，夜色凄沉，时太炎逝世数月矣，爰成此句。"汤夫人思念太炎先生，她决心要办好太炎身后之事，当务之急，是入土为安的遗体安葬之事。然而国族动荡,太炎先生的葬事几经周折,终因战争局势一日危于一日,旷日持久也未能安葬完成。

1937年秋天,苏州遭遇日军侵略,汤夫人为免遗体动荡,决定将章太炎灵柩暂时埋在苏州宅居章园后园地下。家中留一老仆守宅,汤夫人领着全家离开苏州躲避日军,一家人一路逃难到达浙江温州,流离半年,再水路辗转到达上海,暂住于租界内避乱。

后来的时光,汤夫人为太炎先生遗愿,要将他的遗体傍葬于民族英雄张苍水墓侧。为了完成这个心愿,汤国梨后来多次奔波于苏杭之间,直至1955年4月,方才实现愿望,将太炎先生葬于杭州西湖南屏山下。其间曲折、奔波、努力,汤夫人厥功至伟,此事后话详述。

第十二章　后死之责遗志长

太炎先生的身后事，除了葬事，还有讲习会的教育事业。

在太炎先生的追悼会上，弟子汤炳正代表学生发言，表态弟子们一定会相助师母，将讲习会继续办下去。

在学生们的协助下，汤国梨继续着太炎的身后事业，续办章氏国学讲习会。太炎去世后，汤夫人任讲习会理事长，由马相伯任董事长。章氏国学讲习会预备班，地址在侍其巷十八号章氏双树草堂，汤夫人任总教务长，学生徐复任总务主任。

"休言女子非英物"，章太炎先生生前办学时，她内内外外事情一肩挑，辛勤操劳，章门弟子们都爱戴尊敬这位慈爱周到的章师母。而今太炎先生去世，汤国梨从内助走到了前线，成了章氏国学讲习会的第一重要人物。汤国梨一直不遗余力地支持太炎先生的政治主张，自己又终其一生为中华民族妇女的权利而奋斗，为民族的更加强大而努力。两位先生在政治主张不能被时局采纳的情况下，选择了中国传统文人的归隐道路，"携将书剑隐小村"，于1935年，他们定居苏州，用自己的积蓄创办了"章氏国学讲习会"，并同时创办学术刊物《制学》半月刊，以此弘扬国学，传播民族文化。当时章太炎授课，汤国梨任教务长，处理诸多琐碎事务，后来扩充的"章氏国学讲习会预备班"，则由汤国梨任主任,事务基本是汤国梨经营安排。

人称章太炎先生弟子遍天下,个个是各领域的扛鼎大家,章门学子,曾深刻地影响了20世纪初的文坛。当时各大学中文系几乎是章门天下,最著名的是"五大天王"——黄侃(季刚)、钱玄同(疑古)、朱希祖(逖先)、吴承仕(茧斋)、汪东(旭初);日本《民报》社时的八人小班后来也是个个举足轻重——钱玄同、朱希祖、龚宝铨(未生)、许寿裳(季市)、周树人(鲁迅)、周作人(启明)、朱宗莱(蓬仙)、钱家治(均夫)。

辛亥革命后,北大的"章门"弟子最多,著名的有"三沈""二马""一朱"。"三沈"——沈士远,庄子学专家;沈尹默(秋明),国学专家、著名书法家;沈兼士(坚士),北大文学院院长。"二马"——马裕藻(幼渔),曾任北大国文系主任长达十四年;马衡(叔平),金石家,曾任西泠印社社长、故宫博物院院长。"一朱"即朱希祖。

回顾中国近现代以来的学术发展,其一脉由章太炎开其端,黄季刚等开拓而广大之,继而由骆鸿凯、范文澜、陆宗达、徐复等众多学科的学者传承之。

汤国梨协助太炎先生设坛讲学期间,接触的大部分是太炎中期及晚期的弟子,学生们与师母的关系尤为密切。

太炎先生中晚期的弟子如陆渊雷(彭年)、徐衡之、章次公、陈存仁(承沅)、张破浪(春水)皆在中医领域卓有建树。与汤国梨关系密切的大多是这些太炎先生晚年的弟子,以兴办章氏国学讲习会时招收的弟子为多。

王仲荦(王牛),是太炎夫妇居上海时的邻居。他又是太炎弟子余云岫的女婿，他既受业于太炎，又照顾太炎起居，比其他弟子更贴近老师。太炎先生后来从上海赴苏州办"章氏国学讲习会"，他亦随师而往，老师去世后，又随师母到上海办太炎文学院，先后在国学会与太炎文学院任教。1949年后，王仲荦更是《章太炎全集》整理出版的组织者。

潘承弼（景郑），他是苏州望族之后，也曾在章氏国学讲习会与太炎文学院任教。太炎身后，他买通了章家用人，买下许多太炎先生的手稿。中华人民共和国成立后，他将大部分文稿捐给了上海图书馆，却始终没有将太炎早年《膏立室札记》的第四册公之于众，致使《全集》至今缺此部分。

孙世扬（鹰若），早年追随黄侃治学，后入章门，担任章家的家庭教师与秘书，他好医学，善治学，主编《太炎文录续编》。

诸祖耿（介父），太炎先生晚年弟子，1932—1936年太炎先生诸多演讲，多半由他整理成文。诸祖耿后来参与国学会工作，协助办《制言》杂志，协助创办太炎文学院。

还有王乘六（心若）、徐复（汉生）、郑梨邨（守业）等，大多在章氏国学讲习会任讲师，后又或多或少助力师母在上海太炎文学院的工作。著名词家夏承焘先生在《天风阁学词日记》中，记录下汤国梨"与章太炎众多弟子在上海创办太炎文学院，任院长。沈延国任教务主任（后由孙世扬继任），诸祖耿任训导主任，王仲荦任院长室秘书主任，汪东任中国文学系主任（龙榆生代理），朱希祖任历史系主任。校址设于上海河南路五洲大楼"。

……

弟子门生众多，个性、命运、诸般品格必然异彩纷呈。在章师母汤国梨的情感世界中,有两个弟子的地位一定是特殊的,那就是章太炎唯一的女弟子也是汤国梨的好友——黄朴(绍兰),以及太炎先生最著名亦最看重的大弟子黄侃(季刚)。

两黄之间纠葛一生的跌宕情感,汤国梨曾与多人感慨谈起,每次都唏嘘不已。黄绍兰与汤国梨情谊极深,她天纵才情,却被浪子黄侃情误一生。故对于大弟子黄侃,虽然太炎先生视其如孔子之视颜回,而汤国梨却对他一直心有憎意,特别是对于其人格,是极度的不认可。

汤国梨在《回忆黄侃二三事》中,怒述他骗婚黄绍兰一事,致其一生流离失所、精神崩溃、命丧黄泉,汤国梨直斥黄为"无耻之尤的衣冠禽兽","小有才不足以济其奸"。

黄侃的父亲名叫黄云鹄,六十多岁时娶了原配夫人的丫头,年仅二十岁的周氏做侧室,枯藤桃李,白发红妆,老夫少妻生下了黄侃这个幼子。

黄侃出生后智商很高,从小就是神童,抓周时就直奔笔砚而去,四岁就开蒙读书,先学《论语》,一学就懂。据说黄侃随父亲外出游玩,看见寺观书院的楹联就过目成诵,七八岁即能写信,有次甚至赋诗一首:"父为盐茶令,家存淡泊风。调和天下计,杼轴任其空。"

天纵英才的人,大多贴上"狂"字标签,黄侃也不例外。1911年,黄侃与友人喝酒,写下一篇《大乱者,救中国之良药也》,正是革命年代的应世之作。

才子名士,风流浪荡的个性似乎是标配。只不过这黄侃,已经不是风流二字所能形容,他生活率性,纵情诗酒,性情孤傲。

第十二章 后死之责遗志长

天下才子十有八九都觉得自己"怀才不遇",然后用诗酒美色纵情解忧,祸害那些崇拜他们、怜惜他们的痴情女子,黄侃自己有诗:"美人红泪才人笔,一种伤心世不知",读着就有一种无耻的自得。

黄侃有才,是章太炎先生的得意弟子,但这个流氓才子,开创了无行文人的新高度。他一生有过九次婚姻,可以说是到处祸害女子。太炎夫人汤国梨非常讨厌这个章门弟子,夏承焘先生的《天风阁学词日记》中曾经记录"影观述黄某无行极可讶",意思就是说这个姓黄的无耻之尤,简直让人无语。

关于黄侃的好色无行,并非汤国梨的偏见。当年的民国小报也多有渲染:"黄侃文章走天下,好色之甚,非吾母,非吾女,可妻也。"只要不是他母亲、他女儿,皆"可妻"也!

汤国梨如此厌恶这个章门弟子,最大的原因,就是黄侃与太炎先生晚年弟子,同时也是汤国梨的好友黄绍兰始乱终弃的那段恋爱,实在是让人生恨。

黄绍兰,原名学梅,字梅生。后更名朴,字君素。湖北省蕲春县青石岭尹家河黄洼湾人。绍兰从小泼辣、爽朗,读书时学校要求人人读《圣经》,她叛逆反抗,默默背诵《木兰辞》,并以木兰自励而改名绍兰。慈禧太后和光绪皇帝大丧时,黄绍兰背向灵位,席地而坐,拒绝悼念行礼,差一点被学校开除。

黄绍兰也是个革命女子,武昌起义爆发后,她被黄兴派遣到上海,组织上海女子军事团,被推为团长,其后又参与"二次革命",抛头颅、洒热血在所不惜。

黄绍兰后来考入北京女子高等师范学校,黄侃恰好在那里做教授。面对着亭亭玉立又英姿飒爽的女学生黄绍兰,黄侃不禁心生爱慕,不顾自己已婚的身份,对她展开了猛烈的追求。

后来时逢张勋复辟,北京一片乱象,黄绍兰于是南下,回到上海创办学校,准备教育救国。这黄侃竟紧随其后,追到上海,继续死缠烂打。

黄绍兰正值青春年少,看到才华横溢的黄教授如此执着追求,诗词缠绵,又殷勤备至,无微不至,终于投降,被黄侃攻城略地。黄侃此时其实原配在家,为了新欢旧爱一把抓,他说出了让人目瞪口呆的话:"因你也明知我家有发妻,如用我真名,则我犯重婚罪。同时你明知故犯,也不能不负责任。"所以,黄侃的办法是,他要黄绍兰嫁给他,但婚书之上,他不用真名黄侃,写下乱造的一个假名。

年少纯情的黄绍兰,竟像被魔鬼迷了心窍,同意了这样荒唐的婚姻,黄绍兰立下了婚书,婚书上男方的名字并不是"黄侃",而是假造的"李敏之"。就这样他们"结婚"了,黄绍兰与黄侃两人同居,不久绍兰就有了身孕。

就在黄绍兰怀孕后不久,黄侃又离开上海,回到北京高等女子师范学校教书。一离开上海,海誓山盟早已如浮云消散,他在学校又开始猛烈追求苏州籍的彭姓女学生,并在北京再次与彭女士恋爱结婚。

吕碧城的妹妹知道此事,马上电报黄绍兰。黄绍兰一听如五雷轰顶,她带着婚书来到北京找黄侃。谁知黄侃面对妻子,态度极其恶劣,并出言不逊,驱赶辱骂。黄绍兰一气之下,想将始乱终弃的黄侃告到法院,此时黄侃的真面目就出现了:"你

第十二章 后死之责遗志长

的结婚证上，是李敏之，跟我黄侃有什么关系，怎么能告我呢？"

黄绍兰哑口无言，万念俱灰，只能颓然返回上海。临走还成人之美，去与彭女士告别，让她与黄侃好好生活。然而彭姓女子与黄侃有了两个儿子后，最终的命运也是被黄侃无情抛弃。

大着肚子回到上海的黄绍兰产下一女，取名黄允中，乳名阿钰。因为此事，父亲与黄绍兰断绝父女关系，失去生活来源的她在上海一边办学，一边抚养女儿，历尽万般艰辛。而黄侃对黄绍兰母女不闻不问，好像事情从来没有发生过。

后来黄绍兰因崇敬太炎先生学问，拜入太炎门下。生活困顿的她，在跟亦师亦友的汤国梨倾诉时，把与同为章门弟子的黄侃之间的这一段孽缘告诉了她。汤国梨听得气愤填膺，让章太炎把黄侃与黄绍兰都约到家中，面对黄绍兰的哭诉，这黄大才子毫无愧色，在老师家一边喝酒一边喋喋不休地责骂黄绍兰，为自己辩解推脱责任。面对这样无耻无赖的黄侃，太炎先生也没有办法，只得调停说让他每月付黄绍兰一百元生活费，一个季度付一次。黄侃无赖至极，当场就直接说没钱，反手向老师借了三百元，作为对黄绍兰母女的资助。只此一次，从此，黄侃也没有再兑现一分钱。

这段孽缘带给黄绍兰无尽的艰辛，她一个人经营着博文女校，抚育着女儿阿钰。"中共"一大代表李汉俊曾经回忆过，他在开会住宿博文女校时，还拿着礼物逗过黄绍兰女儿阿钰呢。

就是这样一个才情卓越，集热烈、勇敢、孤傲和激进个性于一身的女中豪杰，在黄侃这个无耻无行文人面前折戟沉沙，陷入一生无尽的痛苦。

汤国梨与黄绍兰，深厚情谊维系了一生。后来，汤国梨邀请黄绍兰为自己的《影观词》作序，序中黄绍兰写道："犹忆民国五年春……遂相过从，月夕花晨，谭艺甚乐，一日诵其'断梦惊魂，回灯怯影'之句，深服铸辞工苦，不禁敛手逊谢。"

黄绍兰写到的"断梦惊魂，回灯怯影"，即出自汤国梨的《念奴娇·七夕风雨，戏赠兰姊》：

已凉天气闭重门，独听潇潇风雨。灵雀无声银汉迥，一水盈盈难渡。彩线慵拈，云軿望断，芳约无端误。人间天上，等是良宵轻负。　　憔悴首似飞蓬，尘生奁匣，更谩言眉妩。心事双星容与证，辗转和谁说与。断梦惊魂，回灯怯影，听暗窗蛩语。青天碧海，灵药悔应偷取。

1935年10月，狂傲而孤独的无行才子黄侃在南京逝世。翌年6月，恩师章太炎又一病长辞，黄绍兰悲恸欲绝。抗战胜利后，彭姓女学生与黄侃所生的两个儿子，奉母命从后方到上海投靠黄绍兰。两个孩子依照母亲吩咐，一见到黄绍兰就跪下磕头叫娘，绍兰面对酷似黄侃的两个孩子，多年的委屈压抑怨恨如黄河决堤一般再也无法遏制，她一下子精神崩溃，当天就精神失常。女儿阿钰把她送到精神病院，没几天就死在了医院里。

1947年，黄绍兰去世，疑似自杀。

与汤国梨关系密切的章门弟子，并非如黄侃这样的早年大弟子，而大多是在太炎先生晚年拜入门下，以在苏州星期演讲会和章氏国学会时期所招为主。如诸祖耿、孙世扬、王心若、姜亮夫、沈延国等。可贵的是，太炎先生逝去，这帮弟子没有星散，而是与师母一起，继承太炎遗业，坚持把章氏国学讲学会办了下去。

汤国梨成立了"章氏国学讲学会董事会"，自任董事长，增聘教员，同时主张"组织章门学术团体"，拟将寓所改为"纪念堂"，建"章氏藏书楼"，将太炎先生所藏书籍陈列于藏书楼，以供后学参考（1936年6月18日《苏州明报》）。

从这一系列的动作可以看出，汤国梨对于太炎先生身后自己将承担的使命，内心异常清晰。整理遗著、延续办学讲学，这是作为章太炎夫人后半生义不容辞之重大职责，是延续丈夫遗志之举。她开始积极将太炎遗著遗稿加以整理编纂，准备有朝一日能出版《章太炎全集》。

然而兵荒马乱，华夏不安。抗战爆发，日寇入侵苏州后，"讲习会"被迫停办，汤国梨将太炎灵柩暂埋苏宅园中树下，自己率家流离，开始长达半年之久飘蓬不定的逃难之旅。那时，汤夫人五十五岁，"奉老母携儿辈流亡，时老母七十，奇儿十三"，还有大儿章导夫妻。汤国梨携幼扶老，跌跌撞撞，先至湖州避难，继而赴浙西，避地义乌楂林镇，最后渡过瓯江抵达上海。

凡内心强大之人，行动必有不同凡响之处。当年桐乡丰子恺先生在抗战时有"艺术的逃难"一说，汤夫人也有在险境中豁达面对命运坎坷的伟人小事。

一家人避难湖州时，有天正经过沈氏东园，汤国梨想起当年任吴兴女校教职时的情景，感慨日月流年，物是人非。没几日，湖州又即将沦陷，汤国梨一家再辗转到妙喜村。又不能安全，

即刻又离开妙喜村,经弁山武康,步行至杭州。这一路辗转坎坷,汤夫人却苦中作乐:

> 沿途山林峻秀,尤多竹,余偕老母曰:"此行可作游观。"母为解颜。
> 深山深处重行行,夹路修篁似送迎。
> 寒翠滴衣清影湿,远岚拥髻晚烟晴。
> 雁来南国思乡里,月满西楼忆弟兄。
> 生别迢遥愁已绝,不堪回首望佳城。
>
> (《自妙喜出走,过弁山武康》1937年底)

"此行可作游观",可见汤夫人豁达与坚强。不愧是梅花主,经霜傲雪,凌寒开放。越是家国蒙难,越是坎坷曲折,汤国梨就越是凛然不屈:

> 平沙蔓草没荒烟,四面危峰势插天。
> 日落征骑嘶故垒,风前断雁下惊弦。
> 自搔白发悲亲老,更抚黄童想父怜。
> 莫效楚囚相对泣,艰难家国要同肩。

汤国梨带领全家历经三个月的流亡,终于到达上海,暂时在租界安住了下来。其间辗转至义乌时,大儿媳生下了太炎先生的第一个孙子,为了怀念先生,取名"念祖"。

到上海稍作安定后第一件事,汤国梨就着手筹备办起了"太炎文学院",校址设于五洲大药房楼上。许多原来章氏国学讲学会的师生,以及沪上学子,闻讯纷纷加入文学院,一时学生达百余人。汤夫人自任文学院院长。

好秋空过,叹人间七夕,等闲三度。老眼穿针难乞巧,乐事赏心多负。麋鹿台荒,长生殿圮,梦去无归路。雁惊云汉,鹊栖那处庭树。　纵使牛女无愁,银河无浪,还恐难飞渡。生死流离悲载道,瓜果谁家儿女。宝带波翻,芦沟月冷,何处非焦土。断垣虫语,向人凄切低诉。(《念奴娇·戊寅闰七月,战事方殷》)

家国战乱中,哪有一张安静书桌可放?办学不易,在夏承焘先生的日记中,记录下许多汤夫人为太炎文学院延聘教师的努力:

1939年2月12日:孙鹰若、沈子元送太炎文学院聘书来。词曲学二小时,月送车费十六元……

3月5日:午后二时,赴五洲大酒楼太炎文学院茶叙,晤潘景郑、施则敬、王乘六、孙鹰若、诸左耕诸君。左、鹰报告苏州太炎讲学会经过。谓太炎为学宗旨在民族主义,文学语言与其历史为其主归。汤国梨夫人席间滔滔动听。谓太炎遗著尚有一大箱,存穹窿山。苏州沦陷时,为一仆窃卖一空。中有考古泉及佛学者数种,皆未整理者,今遂不可问矣。王乘六君曾返苏二次,载出其藏书七八箱,今存文学院中。

4月9日：太炎夫人招宴一家春。

6月24日：三时赴太炎文学院大考，晤太炎夫人，意欲予下期连续教课，彼校学生于予颇有好感也。

7月11日：午赴太炎文学院会宴。席间与榆生谈词律。太炎夫人相予面，谓四五十岁必有大运。黄君素（朴）女士相予手，谓二十岁左右家庭有忧患。

9月18日："九一八"纪念，太炎文学院停课。

1940年1月25日：太炎文学院又嘱榆生挽予，学生王君来，亦以为言。仍托榆生代辞，任课过忙，于人己两无益也。

2月10日：接榆生函，谓太炎夫人屡劝予仍往太炎文学院任课，学生来请亦殷恳，不可过拂其意。午后孙鹰若来，不值，计亦为此事也。

2月11日：作榆生复，未发而榆生至，强置太炎文学院聘约。

2月25日：午太炎夫人招饮，至沈飐民、蒋竹庄、榆生、鹰若诸同事。……

场所、经费、人员……汤国梨筚路蓝缕，深一脚浅一脚，坚持要把太炎先生的学问事业延续下去。直至1941年，太平洋战争爆发，上海沦陷，日本人在上海扶植了汪精卫伪政府，要求学校向汪伪政府办理注册手续，汤国梨拒不承认汪伪政府，不愿注册，太炎文学院终于被迫停办。

家国不幸，真个流离苦！

第十三章　埋骨故乡好湖山

九时半，安葬典礼开始。马一浮主祭，余与田桓、汪东等六人陪祭。余代表政协浙江省委员会致词。下午，章夫人汤国梨来谢。晚，省人民委员会宴请章太炎先生治葬委员会同人及章夫人。太炎先生安葬西湖南屏山麓张苍水墓右侧，促成其事者以余之力为多。(《宋云彬日记》)

历时十九年，中间经过两次战乱和许多曲折，汤国梨终于将太炎先生正式入土为安。

此时已经是1955年，中华人民共和国成立六年后了。汤国梨近二十年的夙愿终于实现，那就是将章太炎先生遗体安葬在西湖南屏山麓张苍水墓侧。

太炎先生逝世，当时的国民政府发布《国葬章太炎令》，却终成一纸空文。后来日寇侵华，汤大人迫于无奈，临时将太炎灵柩置于家中后园，不承

章太炎墓

想这一临时，就临时了近二十年。无法完成丈夫的遗愿，安葬太炎于杭州湖山之间，成了汤夫人几十年挥之不去的遗憾与心病。为了将太炎先生安葬在民族英雄张苍水先生之侧，汤国梨呼吁了二十年，谋划了二十年，奔波了二十年，坚持了二十年。

章太炎先生在临终时对自己的葬地并未作明确的交代，对于太炎先生的葬地选择，有两种说法。一是刘伯温说，一是张苍水说。

有文章说："太炎素仰大明开国元勋刘基（字伯温）……民国四年遭袁氏禁锢时，乃撰《终制》篇，欲与'刘公墓相连'。"（汪荣祖《学林漫步·太炎新墓记》）

这说的是1915年，被袁世凯囚禁在北京的章太炎"多恶梦，自为《终制》，感命不久矣。他遥想古人，自比刘伯温，说自己"功状性行，足以上度，其唯青田刘文成公"。刘伯温足智多谋，运筹帷幄，驱逐"异族"，辅佐朱元璋定鼎中原。但性格决定命运，他性情刚烈，疾恶如仇，最终又死于非命。早期刘伯温辅佐朱明，与章太炎一生立志排满，建立中华民国极为相似。而在性情上，他当时因面斥巨奸袁世凯而身陷囹圄，自忖难免一死，又与刘伯温结局如出一辙。凡此种种，让章太炎觉得这位同乡前辈的事迹气节，堪称自己的表率。世人所常言的章太炎自比刘伯温，出处便是来源于此。对于自己百年后的葬地，他当时就想着能与刘伯温为邻。

章太炎的确联系过刘伯温后人。他在被袁世凯囚禁时，曾写信给友人求在刘基墓地左近置一生圹，以便死后归于彼处。信曰："人寿几何，墓木将拱，欲速营葬地，与刘公冢墓相连，以申九原之慕，亦犹张苍水从鄂王而葬也。君既生长其乡，愿为我求一地，不论风水，但愿地稍高敞，近于刘氏之兆而已。"刘伯温后裔刘曜东答允了章太炎的请求，并说："周墓之旁半里许，族中有樵苏禁，无有附者。去此则山水秀美，卜兆皆吉，买山之钱约数十千，曜东亦当商之族人，可不取值。"可见章太炎生前对于葬于刘伯温近处，已经取得了刘氏后人的支持，章太炎国之大师，刘家敬仰，连买地钱都不收取！

此事，发生在太炎先生被袁世凯囚禁北京而几度求死期间。时势动荡，情绪也激愤多变，最后并没有进一步落实。

另一说则是张苍水说，也是汤国梨为太炎先生最终实现了的归宿。

汤国梨说，太炎先生生前表示过，希望死后葬在杭州西湖张苍水墓侧。张苍水，即张煌言，晚明志士，清兵南下江南时，抗击异族，辅佐郑成功抗清。郑成功兵败，张苍水带散兵隐居于海岛，后被清军抓获，不屈而死。清军绑着张苍水走向刑场的中途，他望着湖光山色，遥看南屏山，朗声说道："好山色也！"这一幕悲壮情怀，穿越历史烟尘，至今仍如天地间劲风猎猎作响，好壮士也！

张苍水死后葬在西湖南屏山荔子峰下，青山有幸埋忠骨！太炎先生素重夷夏之辨，一生为汉家风骨不屈斗争，他仰慕张苍水的民族气节，一生与杭州渊源也很深，章氏老家余杭也属杭州。太炎先生向夫人说死后埋于杭州湖山、英雄墓侧，也是情理之中的事。

汤国梨有词《高阳台》，小序中说："往者太炎反袁，被禁燕都三载，袁殁后，乡人迎之南归，偕余至湖上南屏山谒苍水公墓，太炎撰文悼之。"正是在那时候，太炎先生欲埋骨于此的想法为汤国梨深深理解。所以章太炎于苏州逝世后，汤国梨即为"觅茔地于南屏山荔子峰下，与苍水公墓为邻……异代萧条，而今共此湖山风月，岂偶然哉"！

当时太炎先生逝世入殓后，汤国梨即刻携子赴杭，觅求安葬之地。《影观集》中有不少诗词记其事：

丙子夏四月，外子既殁，欲为卜葬西湖，携奇儿冒暑去杭州，止于旅舍，万感萦怀，有不能已于言者。(1936年7月)

临流清泪独潸潸，逝水何心照旧颜。
漫说炎凉劳俯仰，却看风月忆追攀①。
攘夷已遂平生志，归梦空随一楼还。
天与斯人埋骨地，故乡犹有好湖山。

作者注：①往年与太炎同过湖上

八卦田边秋草黄，佳城郁郁向斜阳。
路旁野老殷勤说，七代儿孙是帝王。

（《为外子觅葬地过八卦坟，1936年秋》）

南屏山下旧祠堂，郁郁佳城草木香。
世代萧条同此志，相逢应共说兴亡。

（《为外子卜葬西湖，与苍水公墓为邻》）

第十三章　埋骨故乡好湖山

当时由会稽（今浙江绍兴）人堵申甫先生帮助汤国梨办理此事。堵申甫，号屺山，别号冷庵，弘一法师旧友，护法。汤国梨称他"堵老"，他收藏砚石，曾赠汤国梨一块背题"羊城旧物"的端砚，汤国梨作词以赠：

> 刍狗悲尘世。问何人、生兼福慧，不招天忌。词客有灵同此恨，良友深情独契。营鸳冢、栖凫村里。娇女簪花劳素手，写遗编、珍重平生意。魂倘在，也应慰。　　斯人苦自伤憔悴。算人间、穷通荣辱，莫非游戏。富贵功名尘与土，形役心劳而已。应知得、彭殇同例。世乱于今真无象，却从今、躲尽危机矣。歌与哭，又何为。（《金缕曲·为堵老题其内弟某君遗稿》）

这是汤国梨为章太炎营葬事的第一次奔波。"攘夷已遂平生志，归梦空随一榇还。天与斯人埋骨地，故乡犹有好湖山。"在杭州张苍水墓侧购下一块茔地，汤夫人悲伤之余，颇以能得所葬为欣。她把购地之事报告当时国民政府的葬事委员会，准备择日举行"国葬"。但紧接着，"七七"卢沟桥事变爆发，日寇开始了全面侵华。购地事过一年，战火已至江南，苏州沦陷，葬礼却依然迟迟未能进行。汤国梨急得整日发愁，眼见国民政府大员纷纷卷资而走，市民也大多避难而去，她情知这时要举办葬事已不可能了。无可奈何之下，汤夫人做主采取应急措施，决定暂时将太炎先生厝灵于苏州家中后园内。

虽然是权宜之计，但总不能将棺椁暴露于光天化日之下吧？章宅后园内，有一口鱼池，于是合家偷偷将池水抽干，放入灵柩，砌成墓穴，暂安先生之灵，汤国梨有诗记此事：

> 警报呜呜报夜侵，一樣扶过旧花阴。
> 手封黄土埋君骨，聊尽安危后死心。
> （《抗战时，苏州将沦陷，以太炎先生灵柩厝后园，时二十六年八月十日夜》）

墓制是这样的：金鱼池原址上，立碑是张大千绘制的章太炎像，墓碑下是马相伯的题词："前不见古人，后不见来者，念天地之悠悠，独怆然而涕下。录陈子昂诗。太炎先生像赞，叹吾道之孤也。九十叟马良。"日军逼近，容不得细细营造墓园，汤国梨带一大家人仓皇迁逃，由江苏、浙江，而后辗转至上海租界，稍得安居。

汤国梨离开苏州，一别就是八年多。整个抗战期间，汤夫人与所有苦难的中国人一样，流离辗转。而太炎先生孤墓独在苏州老屋，她魂牵梦绕，却拜扫无由，泣而成诗：

> 仲弟葬沪郊中国公墓，外子厝于苏寓园，今二地相继失陷，拜扫无由，诗以志恨。
> 芳草萋萋绿接天，陌头花落柳吹绵。
> 经年梦断吴门路，何日招魂歇浦边。
> 藉地血飞寒食雨，连郊烽急夜狼烟。
> 榆钱飘尽春无主，野哭无人冷墓田。

无时无刻不记挂苏州后园中太炎灵柩的汤国梨,"痛定还思痛,怆然涕泪倾","文物多零落,知交半死生"。民族灾难深重,家景艰辛,汤夫人想,太炎先生的营葬,是否已渺无希望矣!

关于抗战中章太炎先生的墓,其间还发生过日本人祭拜整修的故事。事情是这样的:

1937年,苏州沦陷。一方面,日本军国主义军队在苏州城区、昆山、太仓、常熟等地展开了惨绝人寰灭绝人性的大屠杀。另一方面,日本又有许多非战争人员,陆续来到中国内地进行各种文化上的考察与学习。一个叫高仓正三的年轻学者,正是带着学习考察吴地文化的使命,在1939年来到了苏州。从高仓正三留下的《苏州日记》一书中,我们读到了关于他在苏州学习中国文化特别是吴地文化如昆曲、方言等的记录。《苏州日记》记录下他长达三年的日常,其中就有寻访、整修章太炎墓的详细过程。

辛亥革命之前章太炎的日本流亡生涯,在当时日本本土的影响十分深远。日本民众特别是文化界人士,对章太炎先生都无比尊重,甚至连侵华日军最高司令长官,听闻章太炎的名号,也是十分敬重的。高仓正三来苏州不久,就去寻访了俞樾的曲园旧址和章太炎的家,十分虔诚地凭吊了章氏的坟墓,并第一时间汇报了他的主管上级。

高仓正三在日记中记道:"章太炎的墓在他家后花园的菜田里……面对着杂草丛生、被一丈多高的桑树所遮掩并葬在后院田里的坟墓,真令人万分扫兴。"章太炎墓地的凄凉让高仓正三十分扫兴失望,他想尽一切办法向日本占领当局反映,还提供了一份详尽的章氏坟墓调查报告,并要求日本研究学者写一份章氏传略及其著作和思想的报告文章。他组织人员把坟墓打扫得"干干净净,清洁漂亮"(日记中语),还在日记中感叹:"像这么有名望的人的墓落得这么荒凉境地,实在是不好意思。"据日记整理者说,高仓正三当时听信以讹传讹的传言,以为这个章太炎墓是个假墓,也知道章太炎是立志抗日的,还是郑重其事打扫整修祭拜。只能说这样的行为,与太炎先生抗日的民族主义立场无关,纯粹是其渊深广大的学问,让人不得不生起无限敬佩之情。

这真的是十四年中日战争中极难得,也极让人五味杂陈的一段故事。太炎先生之所以只能在家宅后园匆匆下葬,汤夫人之所以拖家带口仓皇逃难离家,落得墓地多年无人照护,以至荒凉、破败、杂草丛生,不正是拜这些日本人无耻残暴的侵略行径所致吗?若没有日军的侵华,章家怎么可能荒凉,孤墓怎么可能破败?哪里轮得着一个日本人来墓前如此感慨、叹息,说些"这么有名望的人的墓,落得这么荒凉"这样荒唐的话语,真让人无语。

这个故事倒让我们产生文化上的骄傲。彼时国家蒙难,虽然房屋、街道、城市和山川也许会被插上异族的旗帜,但中国的文化却不曾被消灭,即便在沦陷时期,仍旧独立傲然。太炎先生虽然荒凉却依然矗立的坟墓,就是一种中华文化的象征,虽无言静默,却依旧彰显其博大魅力,让没有人性的侵略者也只能以尊重和敬仰相待。

孤墓倔强而沉默地立在后园中,一直到抗战胜利后,汤国梨才从上海返回苏州。一双小脚,三步并作两步,飞奔入后园探望太炎先生遗穴。

第十三章　埋骨故乡好湖山

汤夫人写道:"频年窜荆棘,幸得保清名。"(《乙酉七月三日喜闻寇降》)抗战中,日本人也曾拉拢她,以汪伪政府之名,许以她和儿子章导高官厚禄,被汤夫人断然严词拒绝。八年前因苏州沦陷而弃家逃难,家宅托付老仆颜寿荣照管,忠仆老颜一直"守宅不去",故家园幸得保存,但已物是人非。"太炎藏书,在离乱时狼藉殆尽",汤国梨在《理书》诗中说:"危巢差幸留完卵,如此河山痛有余。乱后一生长物尽,白头和泪理残书。"白头和泪理残书,国不幸,家不幸,人不幸,书不幸,山河破碎之下,无一幸免!

后园中,太炎先生墓冢尚在,却已是荒草丛生。"城郭依稀如可认,鹤归华表空存。离离禾黍没孤坟。"(《临江仙》)面对荒冢,忆及生命中与太炎先生共同度过的日子,汤夫人悲从中来,"回首当年诗酒侣,而今多隔音尘"。世间巨变,天人永隔。汤国梨一度以为,日寇之难已除,当能尽早完成太炎生前遗愿,灵柩移葬西湖的日子应不远矣。谁想到紧接着,国民党又开始忙于内战,根本顾不上国葬章太炎这一回事了。

抗战虽已胜利,遗榇却一直只能"浮厝园中",汤夫人也一直心悬半空,无法安宁。

  乱世羁危去住难,残年情绪倍阑珊。
  愁来酒味甘如约,静里茶香郁似檀。
  已自襟怀归淡泊,还教离合作悲欢。
  熏笼渐冷抛长夜,心比炉灰分外寒。

(《乱世》,时内战甚亟)

一唱雄鸡天下白,1949年10月1日,中华人民共和国开国大典在北京举行,新中国成立。汤国梨正式重返苏州,打算定居于此安度晚年。此刻最大的一桩心事,依然是太炎先生的葬事。

乌衣巷口旧人家,头白重来为驻车。
墙里几竿新竹子,阶前一树病梅花。
残书积屋供饥鼠,冷篆依垣吊暮鸦。①
此是弦歌全盛日,杏坛今已种桑麻。

(《己丑(1949年)岁暮重到苏州寓所》)

作者注:①时太炎灵柩厝于园中

她多么希望早日实现太炎先生遗愿,也了却此生最大的心愿。从新中国成立直至1955年葬事终于成功举行,其间汤夫人得到了关键三人的帮助。

一是马叙伦。1950年初,新中国开始清理土地,杭州市人民政府通知,所购太炎先生坟地须缴纳土地税。汤国梨写信给太炎学生马叙伦诉说此事,马叙伦收信,马上与沈钧儒联名致函浙江省人民政府谭震林主席,要求免征墓地税。(《马叙伦年谱》)

1952年,汤国梨再次致信马叙伦,提出新中国中央人民政府能"国葬"太炎先生的希望,但新中国成立伊始,百废待兴,此事于是迁延未决。汤夫人在《南乡子》词序中抒发心声:"太炎殁世十七年,遗榇未归,浅厝寓园,今每行吟其间,既念逝者,复自念也。""何为叹蹉跎,若不蹉跎又奈何……冷冢荒烟暗薜萝。"唉!牵肠挂肚几十年,不知道什么时候太炎才能入土为安,

第十三章　埋骨故乡好湖山

葬事才能尘埃落定。

汤国梨向马叙伦一再致函,要求尽早归葬西湖。马叙伦是浙江杭州人,著名的爱国民主人士。他与太炎先生旧识,1909年游学日本时就曾拜访过章太炎;1913年,太炎先生被软禁北京龙泉寺时,他与黄侃相约共救太炎先生;在钱粮胡同时,章太炎绝食抗议,章门弟子想尽办法都不能让先生进食,是马叙伦"自朝迄更起"、不食陪侍,又百般劝慰,就这样苦肉计加苦劝计,太炎先生"始诺",吃了两碗鸡蛋羹。马叙伦与太炎先生不仅有同乡之谊,而且有师生之情,新中国成立后,他在中央人民政府任教育部部长。有这样的关系,故而汤国梨不顾打扰,多次写信给他,让他帮忙解决迁葬之事,但一直也未获解决。

第二个关键人物是浙江海宁人宋云彬,1951年,宋云彬先生调任浙江省副省长。据宋云彬日记记载,汤国梨先生于此年11月12日,来杭州拜访他,惜未遇,"留条而去";1953年1月26日,又"自苏州来信",向他催询迁葬事。宋云彬先生古道热肠,仰慕太炎先生,亦敬仰汤夫人,遂亲自为之奔走。

1954年,宋云彬去北京参加中华人民共和国第一届全国人民代表大会第一次会议,他找准机会,与时任浙江省省长沙文汉商谈"章太炎安葬问题",沙文汉建议"向周总理请示,如周总理有所指示,则此事易办矣"。宋云彬得到指点,马上致函马叙伦,欲约见周总理汇报。马叙伦也一直为此事牵挂,马上响应。"章太炎先生葬事,前年章夫人一再相商,中央许拨张苍水墓近之地,惟章夫人期之于国葬名义,蹉跎迄今。现据教示,知仅在经费一节,并欲为之自当努力"。

事情稍有转机，不料又生出新的枝节，1950年，因毛主席的"西子犹污半面妆"，西湖风景区进行大量的迁坟改造，很多原有的名人墓葬迁移新址，宋云彬在此时节，依然向浙江省政府建议章太炎先生的葬事，力排众议，"特为之解说"，终于使得葬事得以早日付诸实施。

汤国梨也多方设法，辛亥老人田桓也曾将此事呈报给周恩来总理，得到了周总理的亲笔复信，说："你的提醒很好，这是件大事，我们一定安排好。我已发函告诉江浙两省隆重处理。"周总理在信中赞扬太炎先生"一代儒宗、朴学大师，学问与革命业绩赫然，是我们浙江人民的骄傲"。

有了周总理的指示，1955年4月，事情终于得以解决。汤夫人将灵柩从金鱼池墓穴起出，先在苏州举行了公祭，而后由金兆梓、汪旭初、范烟桥、谢孝思、周瘦鹃等人恭送灵柩赴杭州安葬。4月3日，在杭州西湖举行了太炎先生遗体安葬典礼，此次葬事，费用全部都由国家安排，这是名副其实的国葬！

据说那天连日阴雨后开始放晴，宋云彬日记："九时半，安葬典礼开始。马一浮主祭，余与田桓、汪东等六人陪祭。余代表政协浙江省委员会致辞。下午，章夫人汤国梨来谢。晚省人民委员会宴请章太炎先生治葬委员会同人及章夫人。太炎先生安葬西湖南屏山麓张苍水墓右侧，促成其事者以余之力为多。"

历时十九年，历经战乱和曲折，终于实现了太炎先生遗愿，将遗榇安葬于张苍水墓东南。汤国梨诗记其事曰：

乌衣门外有沧桑，王谢风流事渺茫。

辽鹤归来应认取,苏堤苍水旧祠堂。①

(《有感》之二)

锦帆过后夕阳低②,振雅堂前社燕栖。
湖上一抔黄土在,丰碑五字手新题。③

(《有感》之四)

作者注:①太炎墓与张苍水墓为邻,同傍苏堤

②吾苏寓在锦帆路

③太炎墓碑为袁世凯软禁时手书,仅"章太炎之墓"五字,墓成并无题年月日

墓碑上"章太炎之墓"五字,为太炎先生幽禁北京时亲自手题,后由杜天一先生为之保存,今方得以"新题",汤国梨先生另有一首《高阳台》词也是记此事的,其下阕云:

英雄一例终黄土,痛萧条遗榇,来与为邻。杯酒倾怀,兴亡把臂重论。丰碑五字新题句(太炎自题墓碑仅"章太炎之墓"五字,于幽禁北京时手写,杜天一先生为之保存,并未加以生卒年月),为人间鸿雪留痕。倘他年,野老村童,闲话遗闻。

墓建成后,每年清明,汤国梨都携子女至南屏山扫墓,并谒张苍水墓,献上花圈。对于新中国,汤国梨激动感恩,千言万语凝成一句诗:"受恩容易报恩难。"

1955年太炎先生的落葬杭州,是浙江省人民政府与家乡人

民给予太炎先生的最大的勇敢与敬意。因为对于杭州西湖诸多名人墓来说，这时期真是太特殊了。

1955年前后，大部分时候都住在杭州刘庄（今西湖国宾馆）的毛主席，在有一次同浙江省委第一书记江华一道凭栏远眺时，看到孤山一带众多的名人坟冢，感慨道："西湖边的坟墓太多了，这些坟墓可以拆迁一下埋到郊区去，让死人也过集体生活不好吗？"江华闻言表示立即照办。于是，1956年2月21日开始，西湖风景区开始拆迁古墓，包括林和靖、武松，还有辛亥革命烈士秋瑾、徐锡麟等墓，后由于民主党派人士的集体反对，又恢复了秋瑾等烈士墓。此次迁葬事件，太炎新葬，幸未波及。

西湖边的第二拨拆墓风波，发生于1964年。那一年，胡乔木写了首著名的词《沁园春·杭州感事》，下阕曰：

天堂，一向喧扬。笑古今、云泥怎比量。算繁华千载，长埋碧血，工农此际，初试锋芒。土偶欺山，妖骸祸水，西子羞污半面妆。谁共我，舞倚天长剑，扫此荒唐。

胡乔木的词得到了高层高度肯定后，杭州开始了更大范围的迁墓行动。1964年12月2日晚上，大批人力先在西湖孤山、西泠桥、白堤附近平毁古墓30座。1965年1月中旬，又于市中心城区和近郊再度大规模清理坟墓、牌坊、佛像、华表、匾额等，到3月6日为期一个半月里，共计破拆牌坊55处、石刻7处，掘毁坟墓654座，包括28座迁葬。1966年，太炎先生墓终于不能幸免，遭遇掘墓，夷为平地，改作菜圃。据说此次毁坏，没有伤动筋骨，因棺椁入地较深，毁墓时未波及遗骸，自署之墓碑原迹亦幸存。但墓园已面目全非。

1971年，时任全国人大常委会副委员长的周建人有一天在杭州，他来到太炎先生墓前静静凝立，老泪潸然，沉默良久，说："我相信我们的民族一定会好起来的。"

让周建人没有想到的是，在"文化大革命"即将进入尾声的1974年，太炎先生的墓竟再一次遭到了莫名的毁坏。这一次强度更大，破坏性更强。所幸得到附近一农民保护，夜深人静时悄悄将暴露于外的遗骸、倾倒散乱的墓碑等收藏埋葬。家乡百姓的善良，为先生保存起最后的尊严。

在众多旧时代学问家留存下来的记忆中，数不清有多少文物与珍宝以"破旧"的名义，以扫除"白""专"的名义，毁在了那个时代的"烈火"中。太炎先生留下来的那些古奥难懂、佶屈聱牙的文章著作、资料遗存，几乎时时处在危险之中。在种种磨难、不公与危机之中，幸有汤国梨先生始终铮铮傲骨，没有屈服，没有绝望。她的心中只抱定一个宗旨，将保护章太炎遗留下来的手稿和文物材料作为第一重大责任。她坚定相信，不管运动如何定性，太炎先生留下来的东西是无比珍贵而有价值的。她一点一点地整理，不疏忽每一页纸张，如普罗米修斯爱惜火种一般敬惜字纸，珍藏遗物。

1970年，江苏省委突然接到了周总理的电话：保护好汤国梨，保护好章太炎先生的家人！自此，她得到总理的支持，在周总理的保护下，这些珍贵的文物资料终于幸免于难，汤国梨亦安然度过余下的岁月。对于太炎先生的身后人，身后事，上至周总理,下至先生生前各路弟子,都无时无刻不牵挂心中。1973年,太炎弟子姚奠中听到两则消息,一谓:太炎夫人汤国梨"逝世"!二谓:汤国梨曾向周总理写信,建议组织编著太炎遗著。他既惊又疑,联系同门汤炳正教授,求证虚实。

汤炳正收到同门来信,立刻想方设法与师母取得联系,得知师母健康,乃放下心来。他开始下决心,筹备太炎先生文集的整理与出版。他给师母汤国梨写信:"酷夏中暑,最怕缠绵日久。深望多自珍摄,早占勿药,是盼是祷。""组织上为遗稿出版事,既常派人相商,应积极配合玉成其事,未知尊意以为然否?"

对于学生们这样的行动,汤国梨当然无比高兴。自先生离开后,汤国梨就立志完成太炎身后两件大事,一是完成安葬遗愿,二是整理出版太炎遗稿,完成太炎文集。

章太炎逝世前,曾手订出版《章氏丛书》初编和续编。早在1936年9月15日,汤国梨在《申报》登载《章汤国梨率子导、奇启事》:

> 先公太炎先生遗著现经哀辑成集,遵照著作权法,呈请内政部注册并委托上海开明书店汇印发售。除浙江省立图书馆经刻之章氏丛书,及北平吴检斋先生等集刻之章氏丛书续编,仍照旧流通外,其他无论何人不许侵害法益。特此通告!

作为一代儒宗,国学大师,章太炎的学术涵盖小学、经学、子学、佛学、哲学、医学、文学、史学等,著述宏富,学问深奥。更何况,太炎先生一生,并不是单纯的学问家,他是革命的学问家,是具学问的革命者。太炎先生一生从戊戌变法至辛亥革命,

第十三章 埋骨故乡好湖山

乃至二次革命、护法运动、抗日战争,漫长而复杂,他一腔热血,无役不与,他的革命理论、以笔为枪的实践,他的许多文化体系,学术文章……连鲁迅先生都说:"我读不懂、点不断,当然也看不懂。"要整理出版太炎先生的文集甚至全集,就如登临珠穆朗玛,翻越喜马拉雅!

自从太炎离世后,汤夫人筚路蓝缕,为保护先生的遗稿百般设法,耗尽心力。逃难、流离、内战、动乱……在那样艰难险阻的岁月中,先生的手稿、遗物竟然是<u>丝毫未失</u>,完好无损地保存下来,堪称奇迹!几十年间全赖汤夫人<u>一丝不苟</u>,整理、保存、一点一点逐步出版先生遗稿,从未停止!

1956 年,汤国梨初步编成《章氏丛书》第三编。1963 年,汤国梨将章太炎遭袁世凯监禁期间的往返家书编辑成《章太炎先生家书》,交由中华书局影印出版。

1979 年,中华文化从十年浩劫中缓缓透过一口气来,野火烧不尽,春风吹又生,顽强的生命力使得文化如早春的小草一样,经过浩劫后又开始从新的土壤中冒出芽来。终于,汤国梨迎来了一个好消息:国务院古籍整理出版规划小组决定先出十个历史人物的全集,其中就包括章太炎全集。

出版《章太炎全集》,最初动议发于太炎弟子王仲荦,他与徐复、姜亮夫等同门,前后奔走、联络整理,厥功至伟。汤国梨、太炎长子章导都大力参与其中。20 世纪 70 年代时,太炎先生弟子在世者尚多,当时之整理者名单,堪称一时之选。可以说,《全集》最初之整理乃章门弟子、再传弟子在师母汤国梨、师兄章导的倾力支持下完成,亦可谓尊师之一大壮举!

据章念驰先生回忆:为整理遗稿,"祖母嘱我去上海见潘景郑,向他借《膏兰室札记》第四册,供出版全集使用。潘先生听了我的话后,大谈祖父对他如何厚爱、受祖父教诲如何之深刻,是他一辈子无以回报的,但他矢口否认收藏了这册札记,说着说着两行浊泪从他布满皱纹的脸颊上淌了下来……我回家禀告祖母说:'我们似乎冤枉了他。'祖母听了叹气道:'你年轻不知世故也。'后祖父全集终于出版,当然《膏兰室札记》少了一册。但潘先生去世后,他的家人竟拿出了《膏兰室札记》,当然不是捐献给国家,也不是归还我家,而是公开参加拍卖,仅仅以六七万元卖掉了。"

1980年,《全集》整理出版工作正式起步,章念驰先生回忆,当时上海人民出版社人员与专家在章家,收集资料与拍摄照片长达数月之久。经过大量艰苦细致的工作,直至1999年,《章太炎全集》陆续出版了八卷。然而在此之后,因为市场、成本、

《章太炎全集》出版发行仪式与研讨会在北京举行(2017年9月)

第十三章　埋骨故乡好湖山

人力等因素，中途又搁置了下来。其间，《章太炎全集》出版的学术中坚力量王仲荦教授去世，工作陷入群龙无首的境地，出版也陷入了困境。

这一搁置，一晃时间就到了新世纪的2012年，在先生家乡余杭区政府的推动下，由章念驰先生联络撮合，终于全集学术委员会再次组阁成立，许嘉璐先生担任主任，工作再次启动。2017年，由上海人民出版社出版的二十册《章太炎全集》终于出全，这一座学问的大山，历经前后四十余年，几代学人的接续努力，终于成功翻越！全集出版，是中国近代政治史、思想史、学术史上一座重要里程碑！这是汤国梨先生对于中华文化的一份巨大贡献！上海人民出版社盛赞汤国梨："太炎先生弃世后，汤先生为保护整理遗书，殚精竭力，夙为海内推重。"汤夫人为太炎先生学术文化的保存，厥功至伟！

而位于杭州南屏山下的太炎墓，在十年浩劫中被破坏殆尽。直到1981年10月，经杭州市人民政府寻访故物，重新整理，再次刻石立碑，重新修复墓园，以供后人瞻仰。新墓建成后，汤国梨多次前往杭州扫墓，多有诗词。如《乙卯（1975年）春，携导儿到杭扫墓，便道访夏君瞿禅不遇，见院中石上题曰'停云待月'，书法俊逸。归后爰成此句》等诗，都是她来往苏杭，祭扫、看望太炎先生的记事。

十年浩劫后的中国，就像经历了青春叛逆破坏期后重新成熟的男子汉，正以更稳健的步伐不断发展，不断壮大。1981年新墓落成，太炎先生再次遂愿静卧于英雄张苍水身旁，青山绿水之间，忠肝义胆相伴，从此真正入土为安，再不会横遭厄运。

第十四章　子规啼血慈母心

鲁迅曾经说过:"女人的天性中有母性,有女儿性;无妻性。妻性是逼成的,只是母性和女儿性的混合。"不得不说,鲁迅对于人性的洞察是深刻而精准的。

作为太炎先生的学生,鲁迅这句话也可以用作世人了解师母汤国梨的一把钥匙。

汤国梨自幼失去了父亲,与两位寡母、一双弟妹艰难生活。年少时,她天性中的女儿性并没有机会充分地释放,倒是母性这一部分,因家境的特殊,过早地在汤国梨身上激发了出来,所谓"长姐如母"是也。

汤国梨嫁与大自己十四岁的章太炎,与太炎先生伉俪情深,患难与共。对于一世奔波的章太炎来说,汤夫人是个贤德的妻子,更是章家优秀的女主人。太炎先生一生中为数不多的静好岁月、天伦之乐,是汤夫人一力营造与带来的。

章太炎迎娶汤国梨前已有妾室王氏,留下三个女儿。婚后汤国梨对女儿们视如己出,又先后生育了章导、章奇两个儿子。

大儿子章导,出生于1917年4月,是章太炎从北京南归后的第二年。

1916年6月,袁世凯逝世,章太炎结束三年的囚禁生涯,于8月回到上海,与汤夫人团聚。夫妻久别重逢,恩爱无比。汤夫人很快便有了身孕,腹中孩子便是章导。

章导出生时,太炎先生已经四十八岁,汤国梨也三十四岁了。这个金贵的孩子,在腹中时就给了母亲汤国梨一个惊吓,其时太炎先生在脱离袁世凯三年囚禁,回到上海只一个多月后,便南赴肇庆谒岑春煊,企图说服这位两广护国军总司令继续对抗北廷,后又赴南洋群岛争取华侨继续支持革命,到处演讲。10月间,奔波在外的章太炎忽接女婿龚宝铨来信,说汤夫人有小产之虞,需要老师速速回家。

汤夫人遵医嘱丝毫不敢大意,总算安然于次年4月生下儿子。太炎先生老来得子,自然宠溺无边。汤夫人高龄产妇得此麟儿,

1917年章太炎访问南洋群岛(手持羽扇,中立者)

也是含在嘴里怕化了，捧在手心怕摔了，不知道要怎么爱他才好。

太炎先生颠沛半生，反满、反袁，历经戊戌变法、辛亥革命、二次革命、护法运动，作为革命的领袖、宣传者、代言人，作为中华民国的缔造者之一，此时的章太炎声望极隆，只要他在家，则车水马龙，宾客盈门。何况作为国学大师的他，桃李遍天下，向他问学者更是络绎不绝。此时节出生的章导，真是万人宠爱。家中佣仆跟班照料，父亲弟子门生陪伴，"大少爷"长，"小少爷"短，众星捧月一般。亲戚朋友间流传着一句话："福如阿导！"贾府中的宝二爷各种任性，心情不好，老祖宗说"打人骂人都好"。章导顺风顺水地长大，父母珍之宝之，只要少爷健康开心就好。

章导小时候，太炎先生国事学术都繁忙，却无论如何都不忘记宝贝儿子。1917年9月，小章导五个月，出门在外的太炎修书回家，事无巨细不忘叮咛："阿导闻已能走，阴历八九月间，宜为种牛痘也。"

对于读书求学，章太炎与汤夫人自然极为重视。章导的国学蒙师，是国学根底极好的孙鹰若先生，启蒙教材是章太炎亲自改编的《新三字经》，并一力亲授。《新三字经》出版，父子"学术合作"，赫然印有"章太炎改编，章导校订"。他在母亲怀中，与母亲一起吟诵的童谣，是汤国梨少女时代自作的《乌镇薛家桥》诗：

春水鸭头绿，夕阳牛背红。

无风炊烟直，摇出小桥东。

1925年，小章导八岁，章太炎在湖南长沙主持湖南省县长考试，还不忘写信来问："读书有进步否？"太炎先生对儿子，真是爱之弥深，期望极殷的。

童年、少年、青年……章导的成长赶上了太炎先生一生中最风光的阶段，他出落得高大帅气，成了一个英气勃发的青年才俊，真正的名门之后，很快他找到了自己心仪之人，成立了自己的小家庭。

1936年元旦，汤国梨夫妇隆重为章导举行了婚礼，儿媳是书香世家，苏州葑门尚书第彭家的三小姐彭泩，她天生丽质，聪慧优雅。彭家是苏州最大最老的望族之一，十全街的整个南侧偌大一区全是彭氏祖产。名城苏州历史上一共出过二十二个状元，十三个出自葑门彭家。光绪帝师翁同龢，即出自彭门彭蕴章大学士之门，因此彭家又叫"尚书第"。彭氏家族历代清正自守，家风雅正，彭泩的父亲，当时在彭家义学"彭氏小学"任校长，后担任云南大学图书馆馆长。

腹有诗书气自华，彭泩一共有五个姐妹，人称"五朵金花"，个个聪明美丽，教养良好。彭泩排行第三，在振华女校读书，暑假常去锦帆路章氏国学会听讲，她仰慕太炎先生大名，以一睹大师学术风采为幸福。章导其时正在上海大夏大学读书，暑假回苏州度假时常去国学会游走。章公子一眼就看中了气质不凡的彭家三小姐，便要父母去提亲。

汤国梨知道宝贝儿子相中了彭家姑娘，满心欢喜。托了好友李根源先生前去做媒。李根源，北洋政府"代总理"、"农商部长"、云南讲武堂校长、朱德元帅与蔡锷将军的老师，同时也是彭家二小姐的公公。接到汤国梨的拜托，李根源高兴得不得了，章家是好友，彭家是亲家，情谊真是越结越浓厚。消息送到彭家，女方对于章家家世自然也是称心满意，章公子又生得仪表堂堂，婚事一拍即合，几家皆大欢喜。

宝贝儿子成家立业，太炎先生欢欣开怀，儿子儿媳的这桩婚事，成了他晚年最高兴的事情。章太炎非常喜欢这个贤淑的儿媳妇，不苟言笑的他，这一年笑容都多了起来。每逢初一，他总是与汤夫人一起笑盈盈地去看望儿媳妇，送上十元零花钱，太炎先生还给儿媳取了个新名字叫"彭雪亚"。出身世家的儿媳亦十分尊敬公公太炎先生，给第二个儿子取名为"章念祖"（第一胎因太大，分娩时窒息未能成活），取一生念及祖父的意思。她虽后期与章导婚姻变故，又逢特殊时期深受家庭成分之牵累，受尽了生活的苦。但彭雪亚这个名字却一直未变，她大家闺秀骨子里的贵族修养也一生未曾失去。章念驰先生曾深情回忆母亲：

> 母亲经历坎坷，但她始终坚强面对，她没有变得庸俗，没有变得低人一等，自暴自弃，低三下四，她的工作是低等的，内心是充实而高等的。母亲总是把家庭搞得像模像样，星期天还不忘买几枝鲜花。

这样的彭雪亚，让我想起《最后的贵族》，想起《上海生死劫》中的郑念老人，想起一生曲折却诗性不失的叶嘉莹先生。

书香名门里成长的女子，什么都好。敏慧、正直、大气、贤淑，但是过于温良内敛的心性，常常就像张爱玲笔下的"白玫瑰"一样，矜贵的气息容易让人像面对窗前皎洁的白月光，可望而不可即。

第十四章 子规啼血慈母心

章太炎与家人合影，前排右一为章太炎，右三为汤国梨，后排右一为章珏，右二为章导，右三为彭雪亚，右四为章奇（1935年摄）。

章导没有承继太炎先生的国学根脉，不知道是不是从小面对父辈学问的"山珍海味""满汉全席"，导致他得了国学与人文学科上的恐惧症，他选择了土木工程专业，成了一个"理工男"。毕业结婚后，他到南京国防部工作，从事筑路修桥工程工作。

理工男缺少经营情感的基因，夫妻长期两地分居后，章导与彭雪亚的婚姻最终出现了问题。冰冻三尺非一日之寒，多年的分歧最终导致家庭破裂。章导女儿章念辉曾回忆：

从我记事较清晰时起，总觉得我父母之间的关系有点疙瘩，有时他们有争吵。也听到过祖母严厉训斥父亲……家中不安宁了。因此，当靖妹出生后的1946年初，妈妈就抱着妹妹去了云南昆明外婆家（外公在云南大学任职）。妈妈在外婆家住了很久，因放心不下哥哥、弟弟和我，又回到了上海。1947年初，经外婆亲戚介绍，妈妈进了中国银行工作。在经济上她是独立了，在精神上仍然很痛苦。

这样的婚姻如何能维系呢？性格与价值观的不合，导致了这个家庭的解体。1951年，章导与彭雪亚离婚。第一段婚姻中，章导与彭雪亚育有章念祖、章念辉（女）、章念驰、章念靖（女）四个儿女，离婚后，孩子们跟着母亲在上海生活。虽然夫妻离婚了，彭雪亚每逢节假日也总让孩子们回苏州去看望奶奶和父亲，但缺失的父爱总让他们心存遗憾，在他们成长的道路上，留下了一些伤痛。

章导小节不顺，但大节不亏。日寇侵华战争期间，上海汪伪政府一直以高官厚禄相诱惑，汤国梨与章导遵太炎先生遗嘱，铁骨铮铮，坚决守住民族大义。章导拒绝了伪政府的招请，自行去做生意，经营一家保险公司。书生意气难以应付生意场上的尔虞我诈，也难以看清三教九流的朋友圈，在1949年后，章导稀里糊涂被清算，劳改、服刑，前后折腾了近十五年。而紧接着的"文化大革命"期间，又因是著名的"封建旧学"家庭出身以及前期复杂的社会关系……成为专政对象。这样前前后后加起来，章导前半生的中青年时期，竟是三十多年光阴蹉跎殆尽！

第十四章　子规啼血慈母心

时移势易,造化弄人。作为老母亲的汤国梨,一生精明强干,处处不甘落后,此时却也无能为力,无可奈何。年老力薄的她,无力再如幼时牵儿小手一样,指引安排儿子们的人生道路。她能做的,只有尽力给孩子送上力所能及的爱与温情。她像一只老母鸡一样,努力张开不再强健的翅膀,在尽可能的羽翼之下,护得爱子的温暖与安全。只是,相比外面的天广地阔,她的势力范围太小了,能力仅限于饥来投食,寒来制衣。

1960年前后,她有一诗,记下密密缝针为儿做棉鞋的母爱:

夜深且忍指尖寒,叠絮装棉度窄宽。
履薄临深心暗怯,愿儿步步得平安。

(《为导儿制棉鞋》,1960年左右)

儿是娘的肉,娘是儿的根。大儿章导虽然在情感、家庭、生活上是一个"有问题的人",但他对汤国梨极其爱戴,事母也极孝。他不管在哪里,是何种身份,凡回到家里,第一件事就是向母亲请安,离家也必面辞母亲。汤国梨去世后,章导臂上的黑纱整整三年未曾卸下一天。这个不善言爱的理工科男人,内心里自有一腔爱母亲爱家国的深情。

汤国梨儿孙们带来的温暖回忆,太多了!

苏州章宅后园,是儿孙们家庭生活温馨无比的乐园。章念驰先生回忆:"家里有两个院子……我们称为前院、后院。前院可以说是果园,春天青梅首先开花,杏子也跟了吐花,接着梨花满树,桃花跟了绽放。五月枇杷满树,赶紧得用粗树枝撑住果实累累的枝条。压得树枝下垂的还有十月的柿子,还有十二月的胡柚。祖母则忙着采摘青梅、杏子、毛桃,将它们晒成青梅干、杏干、桃干,这是我们全家都爱的蜜饯。"

就是在这座后园中,汤国梨四季经营耐苦耐烦,用心地莳花栽树,使之生机勃勃,繁花、蔬菜、瓜果四季不断。在她的操持下,这座园子不仅成了家人饭菜蔬食的供应站,也是花草丰美给全家精神享受的美的天堂。对于花草树木的衷心热爱,是汤国梨作为一个卓越诗人对万物之美敏锐感知的深刻体现。她喜欢欣赏花树,也喜欢亲力亲为伺候这些自然界的灵物。汤国梨直到八九十岁,还亲自打理花园,她一双小脚,一副小巧身板,在园中穿梭来去,忙得不亦乐乎。她甚至大石头也要自己去搬,搬不动,她就想办法推着石头滚,滚起来翻着走,最终总能让她搬运成功,到达理想中的目的地。

汤国梨生命中的石头,哪有推不翻的?

汤国梨一生爱梅花,在园中亲手栽种了一株株蜡梅,每逢花开,暗香萦园。章念驰先生说:"蜡梅香味,熏得永世不忘。这里没有假山池塘,只有自然归朴的草木。"在母亲过世后,孝顺的章导依然心心念念守护着那些蜡梅树,屡有人出高价,他也不卖。他深知蜡梅是母亲心爱之物,他说,没有了蜡梅树,怕母亲魂归无依。

章导一定也像儿子念驰一样,记得当年一家人在花园中的天伦时光:"后院一片菜园,四季蔬菜……番茄的鲜美,让其他水果统统逊色;苞谷(珍珠米)是全家一夏最爱的点心;黄金瓜与青皮绿玉瓜,是夏天消暑的珍品;老南瓜,则是够全家吃上一年。""我们一家常常在庭前小园吃瓜喝茶，围坐聊天，听老人讲那过去的故事，常常至夜深回房睡觉，这是我们家最最美好的辰光。"

蹉跎了三十年的章导，后半生终于安定了下来。他在苏州侍奉母亲，留守章家大本营。后半生的他，对于太炎先生研究事业贡献颇多，杭州余杭章太炎纪念馆建立时，他捐出了太炎文物八千多件；章太炎的珍贵藏书文献，他也慷慨捐给需要的大学图书馆；汤夫人与太炎弟子们对于太炎文献整理工作，虽然繁复深奥，作为理工科出身的章导，也全心全意助力参与。

太炎先生的藏书，在章导的支持下，大部分收藏于暨南大学图书馆。

20世纪80年代初，暨南大学陈乐素教授得知章太炎藏书有意寻找藏家，便通过朋友，多方联系到了章导，并亲自带领学校团队来到苏州洽谈收藏事宜。在章导的支持下，这批藏书很快由上海运抵广州，于是，国学大师的藏书与蜚声海内外的华侨高等学府结缘，暨南大学图书馆因之成为国内外完整保存章太炎先生藏书的首善之地。章导对图书馆提出了建专室珍藏等条件，暨南大学一一照办。此次收藏，章导以章氏名义捐赠了太炎先生的全部藏书，共三千余册，其中善本四百四十五册。

世事因缘巧合，负责此事的暨南大学教授陈乐素，广东新会人，是我国著名历史学家、教育家陈垣的长子，当年章太炎先生和陈垣先生时有过从。1932年3月间，章太炎北游讲学，陈垣等在谭家（丰盛胡同六号，后迁帅府胡同四十六号）设公宴，以著名的私房"谭家菜"招待章太炎。此次1988年10月，陈乐素于"锦帆路太炎先生故居与章导先生相见,章先生做东款待乐老"。两代人学术交往,也是一段佳话。

除了太炎先生的藏书,另有太炎先生遗留下来的文物,也是章导整理并捐赠的。

虽然太炎先生生前没有收集古玩文物的嗜好,但也有一定的收藏,他遗嘱交由两个儿子继承。有秦权、秦诏版等一些青铜器,还有龙泉窑盘等一批瓷器,以及太炎先生收藏的一些古币、砚台等,这些收藏一部分放在从银行租用的保险柜里,一部分放在家中。经过抗战时期的被洗劫和"文化大革命"中的被打砸,留下的已经不多。

1988年,杭州章太炎纪念馆建立,由长子章导做主,将遗嘱中提到的遗稿和藏品无偿捐赠给了纪念馆,共计有八千余件,内有太炎书稿三百七十多种,著作原稿一百一十四种,重要文稿数百件及书法作品八十三幅等。

晚年的章导,任苏州民革秘书长、苏州市政协专职副秘书长,他终于拥有了安宁而静谧的晚年。他与动荡的时代同步,一生也波折起伏又悲凉多姿,性格决定命运,那又是什么造就性格?是遗传?是成长环境?教育经历?家庭影响?还是时代的裹挟?似乎都是,又似乎都不是。若太炎先生在世,或许能用佛学作个回答:"心为物本,本正,物咸与宁,则天下太平矣!"

1990年,章导因胆道癌去世,临终有关部门让他立个遗嘱,他仅留下一句话给儿女们:"要热爱这个祖国!"毕竟是章太炎的儿子,大义一直在心中,当得起太炎后代这个身份!章导两段婚姻,给太炎先生留下了五个孙子孙女,念祖、念辉(女)、念驰、念靖（女）和念翔。

特别是章念驰先生，而今成了章氏家族中唯一一个扛起章太炎研究大旗的专家学者！他不仅参与了《章太炎全集》浩大学术工程的编撰，还笔耕不辍，研究不息，大大地传承、弘扬了太炎先生的文化精神。有子如此，章导是章家有功之臣！

汤夫人泉下有知，也当欣慰。

太炎身后，除留下章导、章奇两个儿子，还有早前与王氏夫人的三个女儿。众所周知，太炎先生给三个女儿取了一般人都不认识的名字，长女章㸚（lǐ），字蕴莱；次女章叕（zhuó）从小过继给大伯父；三女章㐯（zhǎn，"展"的古字），字穆君。王氏去世后，除二女儿一直在余杭老家生活，对长女与幼女，汤国梨夫人也是克尽母职。

长女章㸚（1893—1915），自小是个性格内向沉静的姑娘。不爱讲话，有洁癖，衣服器物，凡有一点灰尘都必须擦洗得一尘不染、清洁光致才罢手，她房门内外各铺一块地毡，进出把鞋底蹭擦干净才能举步。她待人和顺平静，不喜欢与要人显贵往来，常常对妹妹穆君说："人生实在没有趣味，死，才是最恬静的休息。"按现代的精神医学考量，章蕴莱似乎有点轻度的抑郁症。

1910年章太炎先生在日本时，将她许配给嘉兴人龚宝铨。1915年4月，章太炎被软禁在北京期间，夫妻俩和小妹穆君赴京看望父亲，其间两人还多次拜访同门鲁迅。9月7日白天，章蕴莱与丈夫和妹妹言笑如常，却不料第二天早晨，她就在太炎先生七尺宣纸书写的篆体大字"速死"两字前自缢，"延医救治，云已无及",年仅二十三岁。

面对女儿的惨酷自经,章太炎肝胆俱碎,他在女儿挽联中写道:"汝能如此,我何以堪。"汤国梨亦愤恨交加:

> 一九一五年春,㸁偕未生及妹强入京省父,㸁孝思颇笃,见其父之困蹶忧愤,乃极意承欢,饮食医药,无不周至。顾其心危虑深,居恒辄郁郁也!留五月,其姑驰书召归,㸁既不忍远离父侧,又不欲重违姑意,自此益忧形于色!行有日矣,竟自缢于卧室,平旦发觉,已不救。噫,㸁之死也,非袁氏杀之其谁邪!杀之而不血刃,何其酷邪!(《章太炎家书叙言》)

女婿龚宝铨对于太炎夫妇而言,亦生亦子,他一生尊敬照护两位老人。在太炎先生被禁北京期间,他在岳父母两边勤勉照拂,他给汤国梨写信:"铨与外姑等情关至戚,无事不可商。外姑入京后南方之事,铨苟力所能及,当无不代为办理。外姑如以为然,请即示复,铨当来申接洽一切也。"这样的女婿半子靠,真不虚也!

民国时期政坛纷杂,龚宝铨频生灰心之念感慨叹息:"所太息痛恨者,独以光复、同盟自相水火,同致覆止,亲见其成,而又及见其败耳。"他受太炎先生多年影响,渐对佛学感兴趣。后来他参加嘉兴佛学会,研究佛学,从事慈善施予活动。及至发妻蕴莱自缢之后,更是兴趣索然,淡出政坛。第二年,他与褚辅成侄女褚明颖再婚,但一直未有生育。1922年,三十七岁的龚宝铨因肺病去世,妻子褚明颖在嘉兴南门碧光庵出家。

受先生佛学思想影响的女婿，还有三女儿章㠯的丈夫朱镜宙。

章㠯（1899—1973），字穆君。相比大姐，章穆君一直是在汤国梨的抚养教育下成长起来的，当年她在北京钱粮胡同，亲历大姐自杀的事件，受到了很大的打击。第二年太炎先生在给她的信中说："汝姊之死，固由穷困，假令稍有学业，则身作教习，夫可自谋生计，何至抑郁而死，此事须常识之。"在太炎家书中，我们也能看到他把幼女教育托付夫人汤国梨的记载。在1916年的好几封书信中，太炎先生都与汤国梨留言穆君教育之事，要求她到沪上跟随汤国梨，由汤国梨教育之。国文与英文都要学，不可偏废。先生又极忧女儿未经忧患，处世不成熟，希望能由汤国梨教导之，伴随左右，同时也解得夫人寂寞。

在父母亲的重视下，章穆君十三岁入杭州女师读书，十六岁在上海入博文女中读书，后入教会学校专习英文，二十三岁入金陵女子大学读书。1924年，汤国梨亲自选择了温州乐清人朱镜宙做女婿，将二十五岁的章穆君许配于他。

乐清朱家，是极负盛名的文化世家。朱镜宙也是一位充满革命激情的优秀青年，他是杭州光复的积极行动者，也是民国初年极负盛名的报界新秀，与张季鸾等人一起创办过一些很有影响力的报纸。护法战争期间，章太炎担任护法军政府秘书长，朱镜宙任军政府参议。翁婿感情十分深厚。婚后不久，章穆君随夫返回温州居住。后又随夫任职上海、甘肃、陕西、川康而颠沛流离。两人有一女名朱人娴，成都华西大学毕业，丈夫邹国靖，两人都从事空中事业。1946年与1948年，夫妻俩相继发生空难，不幸去世。留下一子邹立人，一直由章穆君抚养长大。

在女儿空中失事的1948年，朱镜宙在广东韶关南华寺皈依佛门，1949年随国民党去了台湾，几年后正式退出政坛成了佛门中人，与太虚上人等高僧大德多有交往。而夫人章穆君则留在大陆，两人的世俗缘分至此结束。再后来，章穆君返回杭州居住，并在弘道女中等处任教职，1973年去世。

女子本弱，为母则刚。夜深人静，汤国梨内心最深处的那一份思念与牵挂，只有高悬碧空的月亮能够知道。因为只有月亮的清辉洒落，既能照在不眠的母亲枕边，也能照在远隔重洋的游子心上。

而远在美国的小儿章奇，终究成了汤国梨永远没有圆满的思念！

第十五章　知隔云山几万重

汤国梨一生养育了章导、章奇两个儿子,身边大儿子虽然经历坎坷,一生起伏,却终究时时刻刻在眼前身边。而小儿章奇,则让汤国梨牵肠挂肚、深深思念了一辈子,至死也没有圆了母子相见的心愿。

章奇,1924年8月31日(甲子年八月初二)生于上海。其时汤国梨已经四十二岁了。

与哥哥章导不同,章奇出生的1924年,太炎先生正从人生的政坛高峰往低落处走。时移势易,对于毕生所追求的革命大业,中华民国的局势,太炎先生与汤国梨正越来越陷入失望,汤国梨有诗曰:

> 幽栖沪海滨,陋巷苦羁跼。
> 尘心每自洗,差幸无争逐。
> 无分就林泉,襟怀独沉朴。
> 淡泊以养志,荣名岂为福。
> 梦去酒初醒,客来茶正熟。
> 寒梅郁古香,幽兰扬清馥。
> 横琴弄明月,当户理清曲。

我思在山林,黄鹂转幽谷。

(《幽栖》,1924年)

1927年,太炎先生遭到了上海市国民党特别党部的通缉。1927年11月16日,章太炎写信给李根源:"才绫自仲夏还居同孚路贳寓,终日宴坐,兼治宋明儒学,借以惩忿。……行年六十,不久就木……"太炎对国事政局的主观绝望与放弃之心态,正从此时发生,"见说兴亡事,拏舟望五湖"。

1927年在章太炎的心路历程上是最转捩的一年,自此以后,他由积极转向消极,正式解除了政治关注,最后郁郁而终。其时,次子章奇虚龄四岁,可知从章奇记事始,家中氛围便不是开国元勋之家高朋满座、指点江山,而是蛰居、隐退、办学、讲课……

从相貌与性情上,章奇更像汤国梨。他极其喜欢读书,深居简出,放学一回家便钻进自己房间,读书学习,常常读书到后半夜。章念辉回忆叔叔:"个子比爸爸矮,清秀的脸庞上架一副眼镜,身材偏瘦。叔叔非常聪慧,是个很内向胆小的人。"

章奇与母亲感情极好,据他晚年向侄女章念辉回忆:"我和你爸爸是不同类型的人。我爸爸去世时,我才十二岁,小时候,爸爸很少与我交流,我是在妈妈关心下长大的。"

在一个母亲的心眼里,儿女的头疼脑热,皆是大事。

奇儿病热,忧虑为之不寐,夜长愁重,百感纷来,溯怀往昔,赋七律一首:

风流直欲追王谢,门下翩翩尽士林。

> 出郭嬉春争折盖，临流修禊竟题襟。
> 花间酒满和香饮，枕上诗成带梦吟。
> 转眼海桑人事换，空梁只有燕重寻。

汤国梨十分钟爱小儿章奇，似乎到哪里都喜欢带着他。1936年太炎先生逝世后，汤国梨一心想让太炎葬在杭州，去杭州寻觅墓地时，便带着章奇。《邵元冲日记》1936年11月15日记："午前偕默至大学路浙江图书馆，参观浙江文献展览……临时附设章太炎文献展览室……晚，汤国梨率子大可来，谈太炎国葬事，十时顷去。头疼颇剧。"大可就是章奇的小名。

葬事未能完成，1937年，年已五十五岁的汤国梨带着全家逃难，章奇才十三岁。随着母亲颠沛流离，在江浙沪辗转奔波。作有《杭州杂诗》十五首。

章奇性格沉静，做事沉稳，随侍母亲身边，是汤国梨的有力助手。章奇二十出头，便能代表母亲做许多外交的工作。

据夏承焘日记，抗战胜利后的1946年4月18日："太炎先生次郎章奇（仲连）自上海来过，谓以母命来视苍水墓旁坟地，预备安厝……仲连方二十三岁，岐嶷如成人，谈吐安详不倦，自午后一时至五时方去。与绕孤山，并至放鹤亭少坐。彼近肄业交通大学化学系，予劝其勿忘读父书。"

"仲连谓其尊堂时时有诗词致予，而往往浮沉。旧诺为其词集制序，当于数日内报之。……4月24日，得章奇苏州快函……"

晚年的汤国梨与诗词大家夏承焘先生交往许多，为诗词学问，为太炎葬事等，章奇代表母亲多次往返沪杭之间，夏承焘先生十分欣赏他,亦多次嘱咐他要多读父亲的书。

也许是太炎先生学问实在太过山高海深,两位公子都没有选择国学一途继续父亲的道路。章导学的是土木工程,而章奇学的是化学。而且,在交大读书期间,接触了身为共产党的同学,在思想上也形成了与太炎先生不同的方向。

1947年,抗战已经结束。国民党深受冗军之累,蒋介石开始整理军队,要将五百多人的将领军官进行出编。这些将官多系老黄埔,年龄高,级别高,资格老,戎马一生,身无专长,有的积劳成疾,有的负伤致残,出军队编后便无处可去,很多人生活都没有了着落。5月5日上午,老将们集中在中山陵,要向国父中山先生哭诉!于是发生了轰动全国的中山陵哭陵事件。汤国梨母子在玄武湖,亲眼见到了这样的场景。

也许亲眼看到的哭中山陵事件对章奇造成了影响,父亲太炎先生晚年的隐退生涯也潜移默化地影响着章奇。章奇对于社会、政治并不想过多接触,这也是他选择去美国留学的重要原因。章奇晚年回忆:"当我上交大后,我是学生会主席,时学校里有国共两派,两派人都在做我工作,希望我参加他们所在派系,我很敬重共产党一派同学,他们人都很优秀正派。国民党一派同学我不甚喜欢。我不想参加任何一派,也不想得罪任何一派,在那时(1947年),学校里已有点乱,我要读书,于是就选择留学。"

这一年9月的一天,汤国梨在家里摆了好几桌酒席,宴请了亲戚朋友,为小儿章奇饯行!几天后,章奇离家,出发前往美国读书。据章念辉回忆,那一天,"望着绝尘驰去的小车,祖母号啕大哭,有谁能想到,原来的暂别竟是永久的分离"。

第十五章 知隔云山几万重

奇儿出国近十年,家书不至,感事怀人,爰赋此句:
记得门前送别时,一声珍重去如驰。
断魂应是随人远,独上高楼不自知。

汤国梨在这首诗的自注中写道:"忆别时余携儿手至门外,目送登车而去。儿行后,我数日不知昏晓。"

无奈真教有远离,未行先已计归期。
从今为尔加餐饭,留取残年待尔归。

(《送奇儿去美洲》,1948年末)

留取残年待儿归,汤国梨总以为有朝一日,能在倚门时,望见她心爱的小儿子从远处向她奔来。

倚门倚闾倚高楼,醒也思量梦也忧。
写到家书千万语,不曾一语说离愁。
自吟诗句遣离思,每写离思感不支。
漫道离情无可写,离愁还恐远人知。

(《有怀二儿》)

太炎孙女章念辉,后来在加拿大温哥华和叔叔章奇相聚,终于得知章奇赴美国之后的学习生活及工作状况。

1947年,章奇在母亲汤国梨哀伤而不舍的目光中,离开亲人,去国赴美。万里远隔的游子,在那个通信不畅的年代音信本就稀疏，而两年后的 1949 年，共产党领导的新中国成立，美国与中国断绝了外交关系。章奇与国内的联系也随之被迫断绝。

孤身在外求学的他，没有了亲人的信息，也没有了国内的经济帮助，生活的艰辛可想而知。学业繁重，生活艰难，许多日子，一天仅能得一片面包充饥。他就是在这样极其艰难的条件下，完成了学业。

章奇与哥哥章导不同，父母亲的读书种子被深深地种在他的血液里。他天资聪颖，一心求学。民国报人左舜生有一次回忆他去章太炎府上拜访，突然进来一个七八岁的小男孩，问太炎先生："商务印书馆的百衲本二十四史还没有出齐吗？"太炎笑颔之。文中没有写小男孩的名字，我倒愿意相信是章奇。在章奇的印象中，太炎先生家长威严，很少与孩子交流，而他与母亲的情感十分亲密。早慧早熟的他，深知妈妈操持一个家的不容易，他说哥哥章导会像个小大人一样管他凶他，但是对自己要求不严，而章奇的自我要求则十分严格。

正因如此，无论独自在美的求学之路如何荆棘，他都咬牙坚持，于万千艰难中，完成了学业，成了一位卓越的科学家。

章奇学成后，到了美国 3M 公司工作。3M 公司是一家于 1902 年成立的超大公司，总部位于美国明尼苏达州首府圣保罗市，为世界著名的多元化跨国企业。3M 公司素以勇于创新、产品繁多著称于世，在其一百多年历史中开发了六万多种高品质产品。百年来，3M 的产品已深入人们的生活，从家庭用品到医疗用品，从运输、建筑到商业、教育和电子、通信等各个领域。

章奇一生为 3M 公司工作，他说公司 90% 以上的产品研发

第十五章　知隔云山几万重

都浸透了他的智慧和辛劳。但有一点，他是该公司唯一一位不入美籍的华人，他虽然无法回到祖国，却也终生不入美国国籍。也正是因为这个原因，他的付出和收入是不对等的，生活也一直不富裕。

在国内的汤国梨这边，随着1949年中华人民共和国成立，中美两国断交，从此再也没有了儿子的音信。汤国梨对于儿子的思念，字字落在《影观诗》《影观词》中：

> 江上高楼入梦中，百年身世太从容。何当共此烛花红。断句偶来风雨后，危弦拨处海天空。这般光景与谁同。（《浣溪沙·有怀奇儿》，偶得此句，似浣溪沙，姑录存。）

1947年章奇离开，1980年汤国梨去世，整整三十三年，汤国梨对于儿子的思念刻骨铭心，每每让她肝肠寸断。

据章念驰回忆，1949年5月24日，上海解放。在那个雨天的清晨，六十七岁的汤国梨，牵着孙子章念驰的小手，走上街头，望着躺在潮湿街道上的人民子弟兵，眼眶湿润。她一定是想起了远在美国的爱子章奇，那个当年在大学中倾向于共产党思想的俊秀而聪明的孩子。

汤国梨一生写了许多首诗词，多是思念远在地球另一边的爱子章奇的。她常常边写边流泪，边写边吟诵，以此抒发排遣对爱子的思念。有时实在想得不行，她就站在窗前，眺望远方，嘴里轻轻地唤着"小弟，小弟"。此情此景，令人心碎。

春夏秋冬，阴晴雨雪，一花一树，一草一木，心念所起，目之所及，随时都能让汤国梨生起亲子的思念！

人有悲欢离合，月有阴晴圆缺。夜色中汤国梨抬头望月，就怀想奇儿：

> 淡淡银河影，横斜一片秋。
> 忽看眉样月，挂在柳梢头。
> 旅雁尽知候，啼螀语自幽。
> 倚门头易白，愿早买归舟。
>
> （《望月有怀奇儿远西》）

> 少孤多难应怜尔，我老无成只苦吟。
> 万里归时无可语，付儿一个后凋心。
>
> （《示奇儿》）

> 无那寒窗月，清辉落枕边。
> 迢遥念游子，不共此时圆。
>
> （《中秋望月有怀奇儿海外》）

> 万里离家事远游，卅年不共故乡秋。
> 一航倘便彼飞渡，还恐相看叹白头。
>
> （《有怀奇儿美洲》）

"万里归时无可语""还恐相看叹白头"，汤国梨总愿意相信，她与奇儿能有母子相逢的一天，哪怕到时执手无语，哪怕到时相看白头！

长夜无眠时,汤国梨披衣入中庭,怀想奇儿:

> 儿在地球西,我在地球东。
> 梦魂飞得去,旦暮不相同。
> 欲将一纸书,珍重托飞鸿。
> 无如道路难,山重复水重。
> 徘徊起中夜,凉影下梧桐。

(《有怀奇儿远西》)

春去秋来,雁儿也知归途,她望天空雁阵行行,想她的奇儿何日归途:

> 归雁能知候,吟蛩亦有时。
> 低徊无限意,愿子莫踟蹰。

(《卧闻雁声有怀奇儿》)

> 青天绿水望濛濛,知隔云山几万重。
> 纵有梦魂飞不去,离情多在雁声中。

> 长空望极雁书稀,少小离家老未归。
> 莫道倚门头易白,门前芳草亦萋萋。

(《倚闾望飞机横云而过,有怀奇儿》)

太湖浩渺,天水相接处,可有奇儿归来的帆影否?她在太

湖边上立尽斜阳,望水上帆船,怀想奇儿:

强支倦眼一登楼,短鬓如蓬不耐秋。
游子天涯同寂寞,归帆望极海西头。

(《有怀奇儿》)

当年离家时说好三年为期,她扳着手指数着日子盼归人:

月满西楼晚景佳,每劳望眼到天涯。
鹏程有志能投笔,雁字无凭为卜钗。
酒入离怀心易醉,诗拈险韵语难谐。
椟珠自有光明在,漫道风尘壮志埋。

(《月满》,奇儿出国时预计三年返家,今届七年,音书不至。)

夕阳西下,落照满天,怀奇儿:

娇儿事远游,廿载海西头。
望极斜阳影,凄凄独倚楼。
人在海西头,江潮东向流。
如何流不尽,只盼送归舟。

(《望落照有怀奇儿远西》,20世纪60年代末)

空中飞机呼啸而过,怀奇儿:

第十五章　知隔云山几万重

　　飞羽层霄过，云来自美洲。
　　一航如可驾，我欲赋遨游。
　　或往波斯顿，还寻苏达州。
　　相看虽似梦，聊慰别离愁。
　　　　（《望云中飞机，或言此国际民航也，心向往之》，奇儿初
　　　　　　在波斯顿，继去明尼苏达。1960年左右）

天冷了，怀奇儿：

　　游子归何日，倚门眼欲花。
　　不堪相望苦，深悔任离家。
　　富贵本无意，功名亦聚沙。
　　何如守贫贱，努力事桑麻。
　　　　　　　　　　（《寒夜有怀两儿》。20世纪60年代末）

这一颗可怜的慈母心，这一颗至死也无从放下牵挂的慈母心，这一颗生拉活扯，肠中车轮转的痛煞了人的慈母心：

　　我有一副担，勿轻也勿重。
　　放放放不下，挑挑挑不动。
　　岂无按肩人，往他肩上送。
　　怜他病且弱，色馁神亦悚。
　　我心殊不忍，痛痒本相共。

谁知舐犊心，莫如慈母重。

(《慈母心》)

越是年老，越是绞肠挖肚的思念！孙女章念辉记得，在祖母去世的头两年，她由于跌断骨头，起不了床。汤国梨在床上不停地呼唤章奇，"大可、大可"。孙辈们去了，她拉住他们的双手放在嘴边，一边用舌头舔他们的手和胳膊，一边"小弟，小弟"地叫着。精明能干了一辈子的汤国梨，坚强不屈了一辈子的汤国梨，面对岁月的流逝，生命的老去，内心生起的再也见不到爱子的恐惧、绝望，如恶魔一样日甚一日地啃噬着她的心，她的魂。

面对这样可怜的老祖母，孙女每每强忍泪水、劝慰她：娘娘放心！我一定会尽全力把叔叔找回来的。

无限遗憾无限恨！此恨绵绵无绝期！1980年，九十八岁的汤国梨老人驾鹤西去，她至死没有见到日思夜想的小儿子章奇。

直到1990年，孙女章念辉才与远在美国的叔叔打通了电话，此时距汤国梨离世已经十年过去了。又等待了十二年，2002年章念辉利用去温哥华探望女儿的机会，与叔叔章奇在温哥华见了面，万里重洋，这一聚首等待了太久太久。

"五十多年了，我心里始终为自己的父亲感到骄傲和光荣，我非常爱我的母亲。以我的知识和成就，完全可以有优厚的待遇，却因为不入籍而遭到了区别对待。"章奇对侄女这样说，"假如哪一天我过去了，我最大的愿望就是希望让我的骨灰能回到祖国，我不需要墓，就撒在父母身边就行了，哪怕是一点点。"

出国后再没有回到中国，却一生是完完整整的中国人！生

第十五章 知隔云山几万重

前无法归来,百年后最深的愿望还是叶落归根!章奇的身体里,不愧流着硬骨头章太炎的血,他不愧是梅花主人汤国梨的孩子!太炎先生从早年的"尊夏攘夷",到中年的排满革命,到晚年的抗日救国,一世都坚守爱国的热忱。他作为章太炎的儿子,要守着百分之百中国人的身份,才觉得自己没有忘掉祖先,对祖宗和国家的忠诚没有打折。他学的是化学,研究的是科技,科学无国界,而科学家有国籍!章家后人,热血精神天地可鉴。

在国外这五十五年里,章奇还做了一件"傻事",他凭着在国内时与母亲交谈的记忆,一个人在国外回忆出许许多多的人名,一个一个写在纸上,藏起来。这些人都是有关汤国梨身世的人物,他写下来,再细细用线条关联其中的人物关系,他想为深爱的妈妈做一份属于汤家的谱系,用只有中国人才有的"家谱"这种形式,为母亲和汤家先祖树立永久的纪念。

章奇一生没有成家,孤身一人在美国生活了一辈子。晚年的他,很节俭,很辛苦,只能靠着邻居和朋友照料过日子。2006年,在一次自己爬上房顶修电线的劳动中,从房顶摔下来,骨折虽愈,元气大伤。年老体衰的章奇身体有伤,出行困难,在寒冷的季节,连出门买食品都是困难。他几乎不做饭,靠朋友从一百五十公里以外的家中一周一次给他送面包、罐头维持生活。好心的邻居Peter医生包下了他屋前打扫和垃圾清理、扫雪的工作。最后的生命时光中,他一天吃两顿或一顿饭,艰苦度日,与书为伴。

2008年3月,章念辉的女儿带着孩子去美国看望章奇,看到他居室简陋,书从地上堆到了天花板,仅有沙发和他的行军床上没书。在书桌上,他分门别类地放着一生中的信函、照片等,整齐有序。

这样的生活凄凉而困窘,终于他又一次摔倒受伤,胯骨、肩胛骨断裂,从此失去了生活自理能力。出院后,他被送进了养老院,2015年10月5日晚,九十一岁的章奇在美国明尼苏达州养老院去世。

2017年4月27日(农历丁酉年四月初二),在章家后辈们的努力下,在太炎故乡余杭区委区政府的关怀帮助下,已故十八个月,漂泊在海外七十年的太炎次子章奇遗骨回乡,安葬在了章家的祖籍地,他的遗物,也由后人全部捐赠给章太炎故居永久保存。"落叶归根,魂归故里",自此游子归来,汤国梨在天之灵,终于迎来她离别了五十多年的孩子,她的大可,奇儿,小弟!

第十六章　冰霜嚼到淡无馀

汤国梨名字中有"梨",但她一生最爱的,是梅花。

"天付一生闲,来作梅花主","冰雪精神绝世姿,一现昙花相",汤国梨是民国著名的女词人,她爱梅花,亲自种梅花,也特别爱在诗词中写梅花。上面这两句绝妙好词,出自汤国梨的两首词,分别是:

梅傍竹枝开,人傍梅花住。天付一生闲,来作梅花主。羌管动高城,玉笛飞孤屿。香度隔帘风,细细和春雨。(《生查子·施君寄其反陆游咏梅词,适小园寒梅初放,乃谱生查子一首报之》)

岂是为春来,故向枝头放。冰雪精神绝世姿,一现昙花相。香暗月华浮,影落寒泉漾。傅粉撚朱只自容,持谢骚人赏。(《卜算子·答反陆游咏梅词并寄榆生上海》)

纵观近百年女性词史,仅桐乡一地,便有徐自华、徐蕴华姐妹以及汤国梨,她们在近代女性词史中都有着举足轻重的地位。时人对于汤夫人的"影观诗词",评价极高。

章士钊曾道:"吾嫂工诗能文,填词尤清丽,惜其文名为吾兄所掩,故不彰于世。"黄朴也说:"先师(注:指章太炎)文高汉魏,诗尠近体,词则绝不曾为,而大家(注:指汤国梨)乃直己以陈,不屑师古,春风、红豆、秋霞、明珠,触目会心,都成绝唱。"词坛大家夏承焘先生评:"夫人词婉约深厚,讽世移人,短章小令,胥有不尽之意,无不达之情。""《影观词》皆眼前语,若不假思索者,而幽深绵邈,令人探绎无穷,又十九未经人道。"余岩先生读其诗集:"如坐危岩临绝涧而聆寒泉之咽,如入秋林而听百虫之号,如夜深山寂,杜鹃之啼月;如霜高风劲,孤雁之唳空。"

与同乡、南社诗人徐自华姐妹的书香传家不同,汤国梨出身平民,于学问诗词并无家学传承。她对于诗词的热爱纯出天然,且幼时与寡母弟妹寄人篱下的生活,更加重了她要强而敏感的性情。

"驿外断桥边,寂寞开无主。已是黄昏独自愁,更着风和雨。"这就是在乌镇默默暗香、风雨成长的姑娘、梅花主人汤国梨。也许连她自己也没有意识到,她对于诗词的执着,一半源自天性,另一半应源自潜意识中要脱离原生家庭、鱼跃龙门活出更好人生的理想与决心。所以她不能过早在少女时代陷入一份平庸的婚姻,她要出走读书求学进入更广阔的天地,这样的追求与心境,自然非孤洁标高的梅花不能自比。

汤国梨一生酷爱梅花,种梅、育梅、咏梅、赏梅,"年年梦绕梅花","问舍求田素愿奢,屋前屋后种梅花",查她的诗词,写梅花的词有四十五首,诗则有四十七处。笔者最喜欢汤国梨下面这首梅花词:

第十六章 冰霜嚼到淡无馀

> 东篱落尽,南枝未放,一点檀痕先露。冰霜嚼到淡无馀,为寄语、横枝休妒。　　白嫌粉腻,红羞脂污,怎似轻黄媚妩。独怜格调太孤高,致岁岁、春心总负。(《鹊桥仙》)

"冰霜嚼到淡无馀,为寄语、横枝休妒""独怜格调太孤高,致岁岁、春心总负",汤国梨一生与傲雪梅花惺惺相惜,高标自许,并选择用最能言志感心的诗词,不断为自己的人生注解。

知道汤国梨诗词的人都知道她是凭着两年私塾的底子,和《康熙字典》《白香词谱》《诗韵》三册工具书,跨入了诗词的花园。她的笔名"影观",是她乳名"引官"的谐音。"引官"是她呱呱坠地时被父亲取来给家里引男丁引弟弟的彩头,成年后将"引官"变"影观",是她化俗为雅,化生活的苟且为诗意的远方的妙手天成,更是让"引官"通过"影观"获得新生。汤国梨日诵夜读,日思夜虑,竟成大家!她一生创作了两千多首古典诗歌与三百五十八阕词作,这些作品,由太炎先生再传弟子徐复教授大力主持,为师母编撰成了《影观集》。

汤国梨对于诗词,除了天赋与发自内心的爱好,还有一则原因,是她要通过学词,彰显自己独立自主的人格。她很在意别人只当她是章太炎的夫人,章太炎的附庸,她要在词上胜出太炎先生,从而把自己的才情与学问,自己的人格,独立于夫君之外。

为汤国梨编《影观词》的徐复教授曾回忆说:一次堂前侍座,太师母娓娓说往事,因言:"老先生(指太炎先生)名声盖世,虽擅诗文而不屑于词曲,我之习倚声,亦有意以示非倚傍老先生者!"

她曾经回忆说，太炎先生却对词之一路，颇不以为然。他笑词人为词，颠倒往返不出二三百字，其体甚卑。而汤国梨则认为：其二三百字颠倒往还，而无不达之情，岂非即其圣处？太炎先生竟无词以对，每每说起这个，汤国梨都怀着小小自得，认为自己为喜欢的词之一路争取了地位，并辩倒了国学大师太炎先生。

词称"诗余"，很多做学问的学者都不太看得起这一个文学形式，太炎先生也有这一偏见。然而正如民国女词人吕碧城所言："移情夺境，以词为最""至若感怀身世，发为心志，微辞写忠爱之忱，小雅抒怨悱之旨""词虽末艺，亦未尝无补矣"。一生坚定独立人格的汤国梨，在争女权上抱持着"国家乃男女共担之国家，妇女在国家进步上尽其义务，民族才有真正振兴"的观念，在求学问上，固然仰慕太炎先生，以他为夫也以他为师。但她并不盲从，至少在学词一事上，她一直温柔而坚定地坚持自己的爱好！

后来章念驰先生在整理祖父母的藏书时，在太炎先生的那些《古本大学述义》《涵芬楼秘笈》《四部丛刊》……书海中，也列着《漱玉词笺》《纳兰词》《花间集》《小山词》等，仿佛微笑地向后人昭示着，在太炎先生渊深的学问世界里，清晰有着汤国梨安静而坚定的独立存在。

从汤国梨留下来的《影观词》看，她的词主要受传统花间派影响，词以小令为多，《鹊踏枝》(《蝶恋花》)、《菩萨蛮》、《浣溪沙》……深具晏小山情味。汤国梨其词机杼自出、一派天籁，正合王国维在《人间词话》中所说："大家之作，其言情也，必沁人心脾；其写景也，必豁人耳目；其词脱口而出，无矫揉造作之态。以其所见者真，所知者深也。诗词皆然。"

汤国梨一支词笔写尽生命的悲欢离合。

羁旅愁思，怀念家乡，她写乌镇田园之美：

青墩好，残暑夜未消。芦叶渡头风瑟瑟，蓼花洲畔雨萧萧。秋在薛家桥。

青墩好，记得少年时。晴日窗前添绣线，夜阑灯下学吟诗。爱月独眠迟。

青墩好，春日泛轻舠。香讯争传西塔寺，市声多集北宫桥。历乱酒旗飘。

（《忆江南》三首）

手足情深，分离日久，她写亲人思念之情：

人间离别，那似天边月。相见惊心生白发，禁得几回圆缺。　廿年风雨栖迟。故园松菊萦思。有弟皆为远客，无家可问归期。(《清平乐·永夜无寐，有怀弟妹》)

太炎先生被袁世凯囚禁，她新婚离别，作闺怨词：

梦回酒醒夜漫漫，幽思起无端。药炉烟冷，罗巾泪尽，金鸭香残。　声声断雁窗前渡，无寐起凭栏。一痕银汉，半规皓魄，两地愁颜。(《眼儿媚》)

儿子章奇远游美洲，音信全无，她写母子生离的刻骨牵挂：

序：奇儿远游五年，归期未卜，近且音书不至。每一念及，忍泪不流，凝滞眼角，其腻如膏。

忍泪成膏腻不流，枉堆离恨压眉头。梦魂不识天涯路，欲共残阳下美洲（东西半球日夜互异）。　　劳望眼，倚高楼。终教有日见归舟。量花计月休忘却（庭前柳树，儿行时方及肩，今高寻丈矣。一年月圆十二度），却为行人记远游。

（《鹊踏枝》）

太炎离世，阴阳两隔，她写夫妻死别的无限悲痛：

暮云低，楼影直。楼外山光，山外斜阳色。嘹唳孤鸿怜影只。缺月疏林，何处还寻得。　　画堂深，凉夜寂。幽思迢遥，绕遍天南北。冷砌吟蛩啼永夕。扶起残魂，独对孤灯侧。

（《苏幕遮》）

军阀混战，时局动荡，她写百姓民生之苦：

辛苦天涯多是客，相逢怎慰飘零。逃禅还恐误虚名。艰难家国恨，俯仰涕纵横。　　天下兴亡原有责，是谁误尽苍生。燃萁煮豆恨难平。徒劳悲漆室，馀痛话新亭。（《临江仙·感事》）

第十六章　冰霜嚼到淡无馀

访友不遇,她写词诉说珍惜友谊之心:

却道故人风雨至,湖山惯已留连。待倾绿蚁尽寒暄。鱼书传几度,旧约记三年。　老去情怀随处淡,离思偏恁萦牵。几时携酒上湖船。湖光千万顷,一为荡愁颜。(《临江仙·过湖上,几访夏君瞿禅,每不遇》)

年华老去,世事通达,她写佛禅之词阐发佛理,抒发人生虚无之感及对功名利禄的超脱、对乱世的无奈:

刍狗悲尘世,问何人、生兼福慧,不招天忌。词客有灵同此恨,良友深情独契。营鸳冢、栖凫村里。娇女簪花劳素手,写遗遍、珍重平生意。魂倘在,也应慰。　斯人苦自伤憔悴。算人间、穷通荣辱,莫非游戏。富贵功名尘与土,形役心劳而已。应知得、彭殇同例。世乱于今真无象,却从今、躲尽危机矣。歌与哭,又何为。(《满庭芳》)

在人生的每一个阶段,诗词对于汤国梨是精神支柱般的救赎。在民国词学大家夏承焘先生的《天风阁学词日记》中,留下了很多汤国梨潜心问学,与夏承焘先生论诗文词交往的记录,日记第一手资料真实、珍贵,特选择与汤国梨学词有关若干条日,记录如下:

(1941年)7月5日,五时往拉都路大方新村答访章太炎夫人,聆其滔滔谈至七时半。谓少失学,廿三岁始自乌镇来沪,入务本女学师范科，出示所作影观诗稿词稿两册同，自拈出数首，皆大佳。小令雅近永叔，长调似玉田、碧山。谓平生所作，未尝示太炎。太炎雅不好词，谓词之字面仅此数十百字，汤夫人则数十百字而能颠倒变化无穷，正词之胜诗处。尝发愿专攻此事，而分心于家事，不得大成，所作但求能熟而不俗耳。即借其两稿归。夫人坚嘱为题辞，指其利病。其健谈，其好为谦辞，直使人无以置答。

7月9日，午后五时，太炎夫人来，谈至八时去……太炎绝口不言词，夫人欲专攻此道，自谓词胜诗。予爱其诗有唐音，词有五代北宋意味。夫人甚自谦失学，谓平生只读四年半书。

（1942年）4月22日，十时答诣影观夫人，送午社词、半樱词续等书，见其新作《鹊踏枝》《桂枝香》等词……继谈佛学，夫人谓人堕地即不免饥寒之苦，佛法求免苦，最要在与天竞，而勿与物竞。佛欲革造物之命，其大智慧非他宗教可及。谓太炎甚赏此语，称其能包括全藏。出新作与应慈和尚书相示，即论此旨。……一时辞出，影观嘱为其词稿序。

（1946年）3月22日，微昭自沪携太炎夫人诗及叶遐庵新刊词。太炎夫人索予词序四五年，负此诺久矣。

1950年以后，日记中所记与汤国梨学词相关事项，则多是夏承焘先生为汤夫人《影观集》作序、改序之事。

7月21日日记后，附了后来传播甚广的《题汤国梨影观词》：

影观词皆眼前语，若不假思索者。而幽深绵邈，令人探

第十六章　冰霜嚼到淡无馀

绎无穷,又十九未经人道。清代常州词人论词,谓若近若远,似有意似无意,此词家深造之境,庶几姜白石所谓自然高妙。洛诵再过,乃自悔早岁摹清真、拟稼轩为徒费气力。

"皆眼前语而幽深绵邈",夏公可谓深知《影观词》也!汤国梨词学晏小山,语词平易中见情感沉郁,她虽有曲折的情感,但并不平直表露,而是一波三折,呈现一种理性的压抑,让人有探绎无穷之回味。

汤国梨诗词上的成就,世所公认。1964年,应江苏师范学院邀请,她前往讲学,主讲唐诗赏析。后在"文革"时期,也因此事遭到江苏师范学院"造反派"的冲击。

对于她的诗词,同乡木心先生也有很高的评价。木心说,他小时候的邻里汤国梨女士(章太炎夫人),懿范淑德,一派美好,读一读她的闺阁辞章,真是思想深广语言隽永,一时间无人可比。

木心先生竟然能清晰回忆起汤国梨的词:

> 为人已多事,有鬼更难休。
> 纵免沙虫劫,能无猿鹤愁。
> 尘缘如何了,慧业不须修。
> 话到轮回时,怆然涕泗流。

(《与皇甫仲生谈轮回有感》)

木心原话是:"我才读第一句,心就惊了。做人已经够辛苦,死后要是还做鬼,那不更没完没了。我曾经多么希望做一只鬼而不是一个人啊！可是不先做人，又如何做鬼。可是做了鬼，就真的离苦得乐了吗？尘缘已了则转世，尘缘未了方为鬼。说来说去，还是要索命要申冤要复仇，转世投胎，一再轮回。真可怕！"

有趣的是，这不是木心第一次谈汤国梨，早在木心十二岁时，家中有人说章太炎夫人汤国梨诗写得好时，小木心脱口插了一句："写诗嘛，至少要像杜甫那样才好说写诗。"亲戚长辈们闻之一惊。不知道长大后的木心，心里怎么比较杜甫与汤国梨。反正他有句话说：中国近百年来女诗人中，若论神智器识，窃以为未见有出汤夫人之右者。

木心记忆犹新的那一首《与皇甫仲生谈轮回有感》，在汤夫人的诗词中属"禅诗"系列，与佛学有关。汤夫人有首小诗："来从来处来，去向去中去。来处去处在何处，谁能为我分明语。"《读金经有感》）则更见禅机。

汤夫人接触佛理，受太炎先生影响。据章念驰《我的祖父章太炎》记载："祖父精研佛学经典，成《齐物论释》，自称'一字千金'，中国佛教会亦聘祖父为名誉会长。而祖母仅读两年书，未能精研经典，却与祖父谈佛学，祖母说：'造物不仁，以万物为刍狗，释迦者不忍其酷，造说聚徒，而与之抗耳。'祖父听之大异，跃然称赞道：'知及乎此，尽之矣。'"

天赋慧敏如汤国梨者，灵犀一点通。难怪学问渊深的章太炎先生，一样不敢对夫人有一丝小看。

汤国梨一生，行走在社会风云中，俨然是女权运动新女性的先锋人物。而在风云人物的外衣下，其词骚名世，文采风流同样一时俊逸。

第十六章　冰霜嚼到淡无馀

晚年的汤国梨,诗词性情渐趋浑朴。1973年,汤国梨九十大寿,弟子汤炳正致信汤国梨,寄竹屏一幅祝贺。汤国梨寄来自寿诗:

　　多寿人称福,康宁聊自夸。
　　葡萄新酿酒,云雾漫烹茶。
　　望月浑如镜,敲诗半咏花。
　　更教逢野老,相语话桑麻。

汤炳正先生赞师母诗:"浑朴清新之气,袭人眉宇。老而益健,令人欣喜。"汤国梨同时还是一位造诣很高的书法家,其书法作品颇受好评,汤炳正在给她的书信中写道:"顷在《书法》杂志上得见师母法书一幅,疏感快慰!笔力遒劲,有俊逸之气……"

晚年汤国梨在寓所写作

作为一个近代之女性，行进在文学道路上，汤国梨摒弃五四以来的民族自卑主义，坚持继承学习中国的传统文化，她自我期许："我是自修所得，颇自珍贵也！若能传世，也使世人知道新旧社会之不同，在文学上或许有借鉴之用。"她也教育子孙，在给其孙章念驰的家书中写道："望你随时接触旧文学，益处甚多，到应用时，方信我言不虚也"，"你读诗最好古体诗，勿读近代的一些缠绵歌泣的作品，即使学到手，其格甚卑，而枉费精神"。

汤国梨一生经历清朝、民国、洪宪、北洋、汪伪、国民党、共产党等政权，与近代中国历史的潮流同相起伏。但从她留下的诗词与行迹中可以知道，无论生命中有多少艰难险阻，她始终积极、通达，"耐苦耐烦、宠辱不惊"。

新中国成立后，汤国梨积极参与新中国的建设，连任苏州市妇联执行委员，先后出任苏南行政公署专员、江苏省和苏州市首届人民代表，江苏省文史馆馆员、苏州市妇联执行委员、民革苏州市委会副主委、苏州市政协委员、民革苏州市委会主委等职。

新中国成立十周年，她写下了一阕《满江红·祝建国十周年》：

> 大业洪开，看祖国、河山面貌。思往绩，长征万里，烟云尽扫。社鼠城狐都灭迹，民丰物阜人称道。愿蜉蝣痴梦及时醒，回头早。　东风劲，阳春到。红旗展，光明照。使欧非澳美、多来怀抱。截取昆仑均世界，沧波更挽狂澜倒。祝万方、歌舞庆和平，共产好。

第十六章　冰霜嚼到淡无馀

晚年的汤国梨还特别关心祖国的统一大业,在诗中写道:"祖国光辉举世知,邻邦节使竞相驰。辉煌奠定千秋业,半壁江山得几时?""睦邻爱国为天责,委婉依人信自羞。功罪分明千古事,悬崖勒马早回头。"恳切期盼台湾政界人士以民族大义为重,早日回归祖国。

"冰雪精神绝世姿",自比梅花主的太炎夫人汤国梨,梅花魂,诗词性,静水流深,剑胆琴心。在历史起伏的任何关头,始终一派自尊、自强、自爱的梅花精神,她说"卑躬屈膝是最可耻的",她说人生最要紧的是"耐苦耐烦""宠辱不惊"。

汤夫人温和坚定,格高韵远,"春蚕不肯无情死,吐尽丝还化蝶来。历尽红尘终不悟,此身只合化成灰","岂独苍松劲节难,梅花亦自耐清寒。只怜风雪摧残后,却作浮花浪蕊看",这些诗句可作她将近百年的人生岁月的完美诠释。

　　　　2022 年 1 月 24 日　辛丑年 十二月廿二　　完成初稿
　　　　2022 年 2 月 4 日　壬寅年 立春正月初四 第一次修改
　　　2022 年 4 月 27 日　壬寅年 三月廿七　　第二次修改

附录

汤国梨年谱简编

1883年　清光绪九年　1岁

9月24日出生于上海。

汤国梨乳名引官,字志莹,号影观、茗上老人。祖籍浙江省吴兴县乌镇(今桐乡市乌镇镇)。汤国梨父汤其澄,母邹氏。父母早年赴沪上打拼,汤国梨即出生于上海。

乌镇南栅东栅属桐乡、西侧属乌程、南段属归安。汤国梨故居在乌镇南栅宋堡巷,小巷西起箍桶桥北堍,东至宋堡村,长一百二十米,宽四点七米,水泥面。汤国梨故居在宋堡巷弄口。

1884年　清光绪十年　2岁

汤国梨父亲汤其澄在江阴谋得商店会计职务,汤国梨随父母从上海迁居江阴。

1886年　清光绪十二年　4岁

本年,汤国梨父亲汤其澄只身前往汉口,在其弟开设的茶叶店中当会计,帮助一起经营茶叶生意。汤国梨与妹妹汤国槃随母亲邹氏赴苏州,寄居舅父家中三年,住址为游丝弄。

1889年　清光绪十五年　7岁

本年，汤国梨姐妹随母亲前往汉口，与父亲团聚。汤国梨开始求学于私塾。

1890年　清光绪十六年　8岁

本年，汤国梨识字，开始读唐诗。直至二十岁左右开始学作诗。

1891年　清光绪十七年　9岁

本年，父亲汤其澄病逝，邹氏母亲带着子女三人，回到乌镇寄住沈家，靠亲戚们接济为生。汤国梨在家不废学问，勤奋自学。

1905年　清光绪三十一年　23岁

本年秋，汤国梨离开乌镇，只身前往上海求学，经舅父资助就读于上海务本女塾。并以"影观"为笔名，开始在报刊上发表作品。

本年，中国同盟会成立。

1906年　清光绪三十二年　24岁

本年，汤国梨曾至嘉兴，泛舟鸳鸯湖。

1907年　清光绪三十三年　25岁

本年，汤国梨以第一名毕业于上海务本女塾第三届师范专科。参加妇女保路会（"妇女保路会"为章太炎、陶成章领导的"光复会"的外围组织"浙江旅沪学会"发起，反抗清政府出卖苏杭甬铁路修筑权的运动）。经慧贞、汤国梨为主要负责人，经常在上海愚园、锡金公所讲演，宣传保路拒款，由此踏上革命生涯的第一步。

毕业后的汤国梨应湖州吴兴女校聘请至湖州任教，至1911年。四年间，她先后任教员、舍监、校长。吴兴女校设于湖州南门外东园。

1909年　清宣统元年　27岁

汤国梨舅舅沈善保任青镇议会副议长，浙江第一届省议会议员。

1911年　清宣统三年　29岁

本年，武昌起义，秋，汤国梨应务本女塾同学邀请，前往上海共同兴办学校，由此辞去吴兴女校校长职务。

汤国梨在上海与务本女塾同学张默君、谈社英，组织发起"女子北伐队"，参与江浙联军进军南京。并主张在安凯第组织游园会筹款，三日共募集资金五万余元。

本年，章太炎自日本回国。

1912年　中华民国元年　30岁

2月12日，清宣统皇帝宣布退位，一个属于中华民国的时代开始。

3月10日，袁世凯就任临时大总统，被大部分人当成"中国的华盛顿"。

3月16日，汤国梨与吴芝瑛、陈撷芬等女界名流一百二十余人，在上海爱尔近路（今闸北区安庆路）纱业公所发起成立"神州女界协济社"，设事务所于上海北四川路九号，下设教育部、实业部、评议部、编辑部。宋庆龄任名誉社长，张默君任社长，杨季威任副社长，汤国梨与唐群英担任编辑部部长，钱新才、程颖任教育部长，陈鸿璧、周铸青任实业部长。并上书临时大总统孙中山，代表妇女提出"女界参政"的要求。

本年，在上海参与创办神州女学，任教员并居住校内，张默君任校长。

11月，《神州女报》复刊，汤国梨任编辑部部长、谈社英任编辑部副部长，与徐自华、吴芝瑛皆为主要撰稿人。张默君任社长兼经理，姚景苏任副社长。该刊初为旬刊，1913年3月改为月刊，卷期另起。

本年，汤国梨任中华国货维持会宣讲部成员，宣传号召推广国货。

1913年　中华民国二年　31岁

本年，经张默君与其父张通典牵线做媒，收到章太炎求婚书信。

4月17日，章太炎结束"东三省筹边使"工作，回上海。

6月15日，与章太炎结婚，蔡元培证婚，孙中山、黄兴、陈其美等人到场致贺。婚后住在北四川路长丰里二弄弄底（2街269号，神州女学旧址）。（章太炎在上海未有寓所，来去借住在哈同花园。章汤结婚，亦在哈同花园。）

6月20日，由沪至杭度蜜月。（《灵隐韬光蜜月游》）

8月10日，章太炎抵天津；次日（11日）入京，驻化石桥共和党本部。

本年至1916年，章太炎开始三年囚禁生涯。汤国梨只身在沪，曾在陈其美家中当家庭教师。

1914年　中华民国三年　32岁

1月，汤国梨接章太炎家书，有太炎先生欲行受阻，与袁世凯闹翻事。即鲁迅先生《太炎先生二三事》中以大勋章作扇坠临总统府骂事。章太炎在信中表明心迹绝不屈服，又要求汤国梨守志不屈权贵。

2月，章太炎信中赞汤国梨："君以一女子，乃能慷慨坚卓如是，且喜且悲也。"

3月，汤国梨去信，劝太炎以慎默、危行言孙。出自《论语·宪问》："邦有道，危言危行；邦无道，危行言孙。"

5月，汤国梨接太炎"绝命书"。章太炎被禁龙泉寺已三个月，写绝命书交代汤国梨后事家事。汤国梨接信及寄来留念的衣服后拍照。几年后在背面题字："此影为余在上海，太炎为袁帝锢禁于北京。余手携者，非我之大衣，乃是太炎在辛亥革命亡命日本时之和服。为袁世凯锢禁之时，太炎拟自尽，寄此衣以为记念焉。书中有"与子同仇"之语，时余年卅二岁。偶捡得此影，题之以示儿辈。一九□七年冬。梨志。"

5月23日太炎致长婿龚宝铨，复有求死意。交代死后设法葬刘伯温墓处。

7月，第一次世界大战爆发……德日将在山东开战。（汤国梨孤身在沪，不时有北京特务、奸细等人前来劝说她进京，或对她监视……遂有回乡避居之念。）

9月，有汤夫人回信，希望太炎功成身退，诗酒自娱。此信，因袁世凯亦能监看到，汤夫人有故意写给袁世凯看的考虑。

本年，汤国梨与章太炎就要不要北上相伴之事，拉锯多个回合。各有考虑。

8月7日，《时报》之《馀兴》副刊刊出《救夫记传奇》，作者焦心,以汤国梨救夫致电上书袁世凯为本事。《晚清民国传奇杂剧考索》一书曾有介绍:"写女子汤国珍之夫章某被拘禁于京城龙泉寺,汤国珍接到丈夫书信,得知章某忍饥受饿,病倒龙泉寺四十天,遂拟一封电报给大总统,遣人去电报局发出,以营救丈夫。"

1915年　中华民国四年　33岁

1月,太炎家书言"本月十二日始接绵衣",汤夫人对于在北京的太炎,生活起居的关注照顾颇多。

4月,汤夫人生起太炎能南归的希望。因为袁世凯1915年元旦行赦天下之举,对此,章太炎看得更清楚,分析给汤夫人听袁世凯必不放他的理由。

5月,汤国梨家书与章太炎就整理《章氏丛书》等学术事进行多种商议。

9月,章太炎多次绝食求死,激愤中大书"速死"二字并作跋装裱挂于室中。之后不久,长女自尽于此幅字旁边。

南方各报有言太炎已死,汤国梨忧心如焚,电询,太炎复:在贼中,岂能安!……此中电文,触当局忌讳,警厅给汤国梨致信,要求她劝章太炎不要生事。

10月,太炎家书劝汤夫人效法他"死灰槁木"。

1916年　中华民国五年　34岁

1月19日,太炎家书与汤国梨言次女教育事,要求由汤夫人教育之。伴随左右,也解得夫人寂寞。

2月,汤国梨母亲沈太夫人去世,汤国梨赴乌镇。太炎家书关心汤夫人,丧中更宜注意身体。

6月6日，袁世凯死。黎元洪就职大总统。12日，太炎家书，交代汤夫人，要她联络相关人等，上书解救太炎的监禁。

6月16日，章太炎可自由出入；21日，吕公望致电黎元洪、段祺瑞，表示浙人将派人北迎护送章太炎南下；25日，章太炎启程离京，至天津乘轮船。

7月1日，章太炎抵达上海，三年阔别，汤国梨终于守得云开。

8月，章太炎回上海团聚不到两个月，就又孤身离家。对此汤国梨颇怀幽怨。晚年对孙辈感叹："你的祖父真是有国无家。"

8月25日，汤国梨与张元济会面，商谈《章氏文丛》印行出版事宜，后未成。

10月，由女婿龚宝铨致信章太炎，告知他汤夫人怀孕，并需卧床免小产。请章太炎决定尽早返沪。

本年，汤国梨参与创办博文女校，为校董事会成员，任教务长。徐宗汉任董事长。此后，与黄绍兰诗词往还，唱和密切。（1914年博文女校最初由黄绍兰、钟佩芙等人创办，1915年改名为"国文讲习科"，1916年重新改回博文女校。1920年秋因经费短缺停办，1921年春，张謇出资帮助黄绍兰回沪重办博文女校，汤国梨等校董事会成员筹商恢复，改订学程。同年7月，博文女校成为中共"一大"代表住宿地。1933年停办。）

1917年　中华民国六年　35岁

本年，北京爆发"府院之争"，张勋拥溥仪复辟，南方各省多宣布独立。章太炎随孙中山南下广东，组织"护法军政府"，章太炎任护法军政府秘书长。

4月，长子章导出生。

1918年　中华民国七年　36岁

1月12日，太炎五十岁生日，重庆军政商学各界举行盛大的祝寿暨欢迎仪式。章太炎对重庆成都地方,很觉满意,竟有"将来与君移家来蜀,亦有意否"之想。

10月,护法运动失败,章太炎返回上海。

1919年　中华民国八年　37岁

本年,北京爆发"五四"运动。

本年,在报上列名支持阮天真、朱剑霞等人发起组织的"中华女子救国会"。

1920年　中华民国九年　38岁

3月7日,画家沈泊尘去世,年仅三十二岁。汤国梨作诗以悼:"魂来纵有丹青笔,忍写孤坟入画图。"

本年,曾至宁波游玩,作诗《游宁波育王寺》等七首。

1922年　中华民国十一年　40岁

10月29日,上海成立"女权同盟会",汤国梨任临时主席,并作报告提出"国家、社会、家庭方面,女子具有与男子同等参与之必要"等主张。后任理事部部长,崔振华、沈仪彬任副部长,康同璧任评议长,黄绍兰、张魂侠任副议长。

1923年　中华民国十二年　41岁

10月20日致三女婿朱镜宙,商议其与三女章㠭婚事。次年3月13日,朱镜宙与章㠭在上海一品香饭店结婚。

1924年　中华民国十三年　42岁

9月,次子章奇出生。

1927 年　中华民国十六年　45 岁

蒋介石北伐成功,开始反共,屠杀工农,定都南京。

6月16日,章太炎痛斥蒋介石在"四·一二大屠杀"中的倒行逆施,国民党上海特别党部在上海公开"通缉反动学阀",章太炎列名单首位,汤国梨夫妇迁居上海同孚路(今石门一路)同福里八号躲避。

1928 年　中华民国十七年　46 岁

11月,国民党上海市特别党部二次通缉章太炎,汤国梨将其转移至妹妹家中。

1930 年　中华民国十九年　48 岁

本年,汤国梨将家从同福里八号搬至十号。对面住王仲荦一家。

1932 年　中华民国二十一年　50 岁

1月28日,闸北战役打响,日军以二十多辆铁甲车开路,向十九路军阵地展开全面进攻。上海妇女界群起活动,汤国梨与女战士们慰劳十九路军将士。筹设第十九伤兵医院,汤国梨任总务一职。地点选在堂兄汤在如家中,康脑脱路(今康定路)胶州路口如升里底的两幢石库门房内。历时近一年。

本年冬,"一·二八事变",避难于杭州。

1933 年　中华民国二十二年　51 岁

本年寒食节,作《蝶恋花·抱病伤时愁万叠》。对国家政治绝望,欲寻出路而不得,在凄凉心境下决定谋划与太炎先生归隐讲学。

1934 年　中华民国二十三年　52 岁

五六月间,章太炎已先搬至苏州锦帆路居住,汤国梨一点点将家从上海搬到苏州。

本年冬,开始筹备举办第四次"章氏国学讲习会",发布《章氏国学讲习会简章》。李根源、陈石遗、金松岑参加主办。汤国梨任教务长。

7月,苏州寓所被窃,有惊无险。

1935年　中华民国二十四年　53岁

1月4日,章氏寿诞,段祺瑞、冯玉祥均派代表莅苏祝寿。汤国梨旧友邵元冲夫人张默君,唐群英,唐三等,均亲自由京杭两道来苏登门祝寿。

本年春,国民党"中央军委"丁惟汾至苏州探望章太炎,留下支票一万元供其"疗疾之用",实则是蒋介石为缓和各方批评,欲拉拢章太炎。汤国梨建议将此款登报申明移用于章氏国学讲习会,巧妙化解这一棘手问题。

9月16日,章氏国学讲习会校舍正式落成开学,汤国梨任教务长,并主编学术刊物《制言》半月刊。

本年,"一·二九运动"期间,上海学生去南京请愿遭到镇压受阻于苏州,汤国梨代表章太炎赶赴苏州火车站,登车慰问爱国学生。(此事为章太炎对共产党思想上的一次转变)

本年,弟弟汤国棠病殁于上海,葬于沪郊中国公墓。

1936年　中华民国二十五年　54岁

本年元旦,长子章导与彭雪亚完婚。

本年春,张默君夫妇与汤国梨等人重游可园探梅。

2月,经孙世扬介绍,徐复到苏州章氏国学讲习会学习,向章太炎先生问学,听讲《尚书》《说文解字》,并助理编校《制言》

半月刊。太炎先生病逝后，徐复协助师母汤国梨，续办章氏国学讲习会预备班，担任行政和教学任务。

本年，沈钧儒等"七君子"因主张抗日获罪，被囚苏州监狱，汤国梨多次至狱中慰问，与章太炎多方奔走营救。

6月14日，章太炎因鼻窦癌病逝于苏州寓所，享年六十八岁。因欲将灵柩葬于杭州，汤国梨携次子章奇冒暑前往杭州寻觅葬地，未果，灵柩只得停放在章宅后园内。后为完成章太炎遗愿——傍葬于民族英雄张苍水墓侧，多方奔走，多次奔波于苏杭之间，直至1955年4月，实现遗愿，葬于杭州西湖南屏山下。

章太炎逝世后，汤国梨继续办学，任章氏国学讲习会理事长，马相伯任董事长。增设"章氏国学讲习会预备班"，地址在侍其巷十八号章氏双树草堂，任总教务长，徐复任总务主任。

11月，在浙江省立图书馆与前来参加太炎先生追悼会的民国词学大家夏承焘先生晤。是为与夏承焘先生几十年学词、论文、交往之始。

1937年　中华民国二十六年　55岁

本年，与次子章奇居住杭州新民里，作有《杭州杂诗》十五首。

秋，苏州遭日军侵略。太炎葬事迟迟未能完成，汤国梨只得将章太炎灵柩埋在后园，举家离开苏州，流离半年。时年母亲七十岁，次子章奇十三岁。先至湖州避难，继赴浙西，避地义乌楂林镇，最后渡过瓯江抵达上海。章氏国学讲习会和《制言》杂志也被迫停办。

本年，在沪创办太炎文学院。拒绝日伪政府的高官要职拉拢，坚守志节。

1938年　中华民国二十七年　56岁

本年,避乱于上海。与章太炎众多弟子在上海办太炎文学院,任院长。沈延国任教务主任(后由孙世扬继任),诸祖耿任训导主任,王仲荦任院长室秘书主任,汪东任中国文学系主任(龙榆生代理),朱希祖任历史系主任。校址设于上海河南路五洲大楼。

1939年　中华民国二十八年　57岁

3月5日,在五洲大酒楼设席与太炎文学院诸讲师茶叙,夏承焘、潘景郑、施则敬、王乘六、孙鹰若、诸左耕等参加。孙鹰若、诸左耕报告苏州太炎讲学会经过,汤国梨夫人滔滔动听讲述太炎先生书籍故事。

9月18日,"九一八"纪念,太炎文学院停课。

1940年　中华民国二十九年　58岁

本年,太炎文学院中,章太炎门下诸子相继离沪,汤国梨独力难支,太炎文学院面临解散。

4月,孙女章念辉出生。

1941年　中华民国三十年　59岁

6月14日,汤国梨访夏承焘,谈论太炎文学院停办事,并为其妹之子求学事托夏承焘设法。

汤国梨颇专注诗词事,1月,黄朴(黄绍兰)为《影观词》作序。

7月始,汤国梨与夏承焘交往颇多。与他叙谈生平,出示诗词稿求夏承焘先生教正,并嘱题词等。夏承焘评价:小令雅近永叔,长调似玉田、碧山。汤国梨谓平生所作,未尝示太炎。因太炎雅不好词,谓词之字面仅此数十百字,汤夫人则数十百字而能颠倒变化无穷,正词之胜诗处。

本年，太平洋战争爆发，上海沦陷，因拒绝向汪精卫政权办理注册手续，太炎文学院被迫停办。汪伪政府妄图利用章门威望，游说汤国梨及长子章导出任要职，均遭拒绝。

1942 年　中华民国三十一年　60 岁

本年，仍多有与夏承焘先生论诗词事。并谈佛学，谈章门弟子黄侃以情感误黄绍兰终身的无耻之行。

1945 年　中华民国三十四年　63 岁

初夏，避寇期间经过苏州寓所，见章太炎遗棺仍浮厝园中，心有思念，作词《临江仙·城郭依稀如可认》。

抗日战争胜利后，国民党多次要求汤国梨参加该党政府工作，拟任"中央军委""国大代表"，均遭拒绝。

抗日战争胜利后，从上海回苏州寓所定居，随行者有老用人颜寿荣。章太炎藏书，在沦陷离乱时已遗失殆尽。

1946 年　中华民国三十五年　64 岁

4 月，汤国梨派次子章奇赴杭州，检视苍水墓旁坟地，预备太炎安厝事宜。

8 月，得夏承焘为影观词集所作序言。

1947 年　中华民国三十六年　65 岁

春，南京发生国民党将领集队前往中山陵哭陵事件。

6 月，汤国梨欲重振太炎文学院。

8 月，女婿朱铎民（朱镜宙）有出世之念，其后从虚云禅师剃度，往南洋群岛。女儿章㻗与其离婚。

9 月，次子章奇赴美留学，自此未再得见。

1949年　中华人民共和国成立　67岁

中华人民共和国成立前夕，拒绝国民党送来前往台湾的全家机票。

中华人民共和国成立后，汤国梨为太炎先生营葬事一直多方奔走。

1950年　68岁

对新政权新政府充满热情。本年，任苏南行政公署专员。

10月，参加苏州市第三届各界人民代表会议，地点在宫巷乐群社。

7月。家乡乌、青两镇合并为乌镇。

1951年　69岁

任江苏省、苏州市首届人民代表、江苏省文史馆馆员、苏州市妇联执行委员。

1953年　71岁

本年，独自居住苏州。因念及章太炎遗棺尚未归葬，怀念逝者，作词《南乡子·抚缶一卣歌》。

独居期间，客居他乡的羁旅之愁、儿女分别的离别之怨横生，作词《贺新凉·漫惜凋年尽》。

1954年　72岁

清明，参加踏青祭祀，作词《阮郎归·人生只合住江南》《阮郎归·惜春人已老江南》。

冬，岁末去往杭州，途经海宁市周王庙镇，吊谒孙鹰若墓，作词《浣溪沙·仆仆征程客思牵》。

1955 年　73 岁

3 月，在周恩来总理的亲自关怀主持下，章太炎营葬事定，在杭州南屏山下张苍水墓旁。24 日，苏州举行公祭仪式。31 日，章太炎灵柩移至杭州。

4 月 3 日，在杭州隆重公祭章太炎，并将遗体安葬于西湖南屏山麓民族英雄张苍水墓侧。

1956 年　74 岁

本年春，前往杭州南屏山为章太炎扫墓，并吊谒张苍水墓，作词《水龙吟·江山此日登临》。

本年，初步编成《章氏丛书》第三编。（章太炎逝世前，曾手订出版《章氏丛书》初编和续编）

1958 年　76 岁

本年，任民革苏州市委会副主委。

1959 年　77 岁

本年，作词《满江红·祝建国十周年》，是《影观词》中唯一一首歌颂之作。

1960 年　78 岁

10 月廿日，汤国梨与太炎弟子汤炳正联络，汤炳炳激动复信："忽得手示，曷胜欣忭。睽违尊颜二十余年……"

1961 年　79 岁

本年，在苏州寓所作《田家即事杂句》十一首，《影观诗》中田园诗佳作。

1963 年　81 岁

本年，任苏州市政协委员。

本年，将章太炎遭袁世凯监禁期间的往返家书编辑成《章太炎先生家书》，由中华书局影印出版。

1964年　82岁

本年，应江苏师范学院邀请前往讲学，主讲唐诗赏析。后在"文革"时期，也因此事遭到江苏师范学院"造反派"的冲击。

1966年　84岁

秋，杭州章太炎墓遭毁。

1970年　88岁

本年，经周恩来电话指示江苏省委，强调保护好汤国梨及其家人，终得以安然度过十年动乱。

1971年　89岁

周建人在太炎被损毁的墓地前凝立："我相信我们的民族一定会好起来的。"

1973年　91岁

2月20日，汤炳正致信姚奠中："师母'逝世'乃系讹传，她现仍健在。至于师母给周总理写信，建议组织人力整理先师遗著，并提出包括你我在内的编者名单，此事我毫无所闻。但既系参加全国出版会议的同志传出的，当非谣言。"

11月21日，汤炳正致信汤国梨，贺九十大寿，寄竹屏一幅祝贺。汤国梨回复自寿诗：多寿人称福，康宁聊自夸。葡萄新酿酒，云雾漫烹茶。望月浑如镜，敲诗半咏花。更教逢野老，相语话桑麻。汤炳正先生说师母诗：浑朴清新之气，袭人眉宇。老而益健，令人欣喜。

1974年　92岁

杭州章太炎墓地被夷平，改成菜园。

本年夏，徐复拜谒章太炎故居，见案头《影观集》手稿，同意交其付梓。直至2000年在南京师范大学《文教资料》分期发表。

9月，汤国梨致信汤炳正，述说太炎先生手稿在离乱中多所损失，有人甚至盗往香港高价出售。

10月，汤炳正复信，嘱师母"酷夏中暑，最怕缠绵日久。深望多自珍摄，早占勿药，是盼是祷"；为了《章太炎全集》事，希望"组织上为遗稿出版事，既常派人相商，应积极配合玉成其事，未知尊意以为然否？"。

1975年　93岁

本年春，汤国梨携长子章导到杭州扫墓，沿途顺道拜访夏承焘，未遇。

1979年　97岁

本年，开始亲自参与整理章太炎所存书稿。

11月，汤炳正先生致信汤国梨，说在《书法》杂志上见师母法书一幅，殊感快慰！笔力遒劲，有俊逸之气，寿征也！

本年，助力完成《章太炎全集》出版。上海古籍出版社赞汤国梨："太炎先生弃世后，汤先生为保护整理遗书，殚精竭力，夙为海内推重。"

1980年　98岁

本年，任民革苏州市委会主委。

7月27日，清晨五时十分，因心力衰竭病逝于苏州，享年九十八岁。汤炳正悼诗四首："山颓梁坏哲人亡，四十年来叹逝光。岂料今朝重回首，愁云又锁郑公乡。"

1981年　冥寿99岁

10月12日,章太炎墓修复竣工典礼。

1986年　冥寿104岁

本年,迁葬于杭州西湖南屏山下章太炎墓旁,沙孟海题写墓碑。

2000年　冥寿118岁

本年《影观词》在《文教资料》杂志上刊发。

2001年　冥寿119岁

5月,《影观词》与《影观诗稿》等合编,结集为《影观集》,在《文教资料》特辑出版。

影观杂论

古诗十九首,能言人所欲言,思人之所思,其言既朴且婉,极淡远之致,故能不朽。

人之心术,出于天性。天性良善者,虽处境贫苦,能待人宽厚;富且贵者,往往小气刻薄,是即出于天性。故人应当记得,随时自勉。

无求,自然少苦;不贪,自然少欲。无求无欲,权威于我何有哉?诗云:"日出而作,日入而息,帝力于我何有哉?"道尽坚强自主。

我家昔有何绍基书联,句云:"露坐一生无步障,春游是处有行窝。""行窝"不知何谓。偶见笔记谓,邵康节为人敬爱,每出游,乡里咸来款接,备有居处,是为行窝云。

所谓生活享受,不过甘肥罗绮,高堂华厦。结果是肠肥脑满,怕风怕雨,生育繁殖,心灵丧失,负了做人的意义。

动则与万物周旋,静则与万物绝缘;一生一死,不过如是。

世界无论有机无机,皆有变化,人寿短促,不及见耳。一般考古者一块石头,一根枯骨,猜度玄想,自欺欺人,何从得个究竟。

附录

一切动物想必皆有语言,以其有声也,惟人不解耳。凡见虫鸟单行,则少鸣;群集则其声杂,似相酬答。

一个忍字,非有极度涵养者,不易做到。惟能忍,可以应付环境。能忍困难,虽能说,行之则难。

人与人之间,第一不要使人难堪。一句刻薄话,不如打人一下。

人即不相杀,亦无永生。人生既暂,应求如何安乐,尽其天年。至治无国界,至爱无亲疏。

科学能创造一切有利人类的种种,但科学不能离开道德。否则,虽有利,为害亦大。

能克苦者能安分;能安分可免意外之忧。做人要记住"莫使亲者忧、仇者喜"两句话。

摘自《汤国梨诗词集》,桐乡市政协文教卫体与文史资料委员会编,中国文史出版社

参考文献

汤国梨著、桐乡市政协文教卫体与文史资料委员会编:《汤国梨诗词集》,中国文史出版社,2016年12月。

汤国梨编:《章太炎先生家书》,上海古籍出版社,1985年2月。

张钰翰编著:《章太炎家书》,上海人民出版社,2020年9月。

汤志钧编:《章太炎年谱长编(增订本)》,中华书局,2013年3月。

谢樱宁著:《章太炎年谱摭遗》,中国社会科学出版社,1987年12月。

湖州市政协文史资料研究委员会编:《湖州文史》,浙内赠013号,1987年8月。

许寿裳著:《章太炎传》,百花文艺出版社,2009年7月。

章念驰著:《我所知道的祖父章太炎》,上海人民出版社,2016年6月。

章念驰著:《后死之责——祖父章太炎与我》,上海人民出版社,2019年12月。

马强才校注:《章太炎诗集》(注释本),上海人民出版社,2020年11月。

高仓正三著、孙来庆译:《苏州日记》,古吴轩出版社,2014年7月。

朱镜宙著:《梦痕记》,乐清朱氏咏莪堂印行,1978年。

刘克敌、卢建军著:《章太炎与章门弟子》,大象出版社,2010年10月。

汤炳正著:《汤炳正书信集》,大象出版社,2010年4月。

汤炳正著:《听罢溪声数落梅》,人民文学出版社,2020年10月。

夏承焘著:《夏承焘集》第5—7册(天风阁学词日记),浙江古籍出版社、浙江教育出版社,1998年。

王汎森著:《章太炎的思想——兼论其对儒学传统的冲击》,上海人民出版社,2018年10月。

张昊苏、陈熹著:《章太炎铁血著华章》,济南出版社,2020年3月。

鞠建林、张燕、鲁晓明主编:《辛亥江南》,红旗出版社,2011年5月。

王仰清、许映湖整理:《邵元冲日记》,上海人民出版社,2018年12月。

陈锡祺主编:《孙中山年谱长编》,中华书局,2003年11月。

夏晓虹著:《晚清文人妇女观(增订本)》,北京大学出版社,2016年1月。

[日]须藤瑞代著,须藤瑞代、姚毅译:《中国"女权"概念的变迁》,社会科学文献出版社,2009年8月。

柯惠玲著:《近代中国革命运动中的妇女》,山西教育出版社,

2012年9月。

陈平原、杜玲玲编:《追忆章太炎》,中国广播电视出版社,1997年1月。

陈存仁著:《银元时代生活史》,上海人民出版社,2000年6月。

章太炎故居管理所编、沈建中编著:《太炎文化读本 章太炎与汤国梨》,浙江大学出版社,2015年4月。

神州女报馆编:《近代中国史料丛刊三辑0376神州女报》(1—2期)。

神州女报馆编:《近代中国史料丛刊三辑0377神州女报》(3—4期)。

钟桂松:《一个人编辑的杂志——沈苇窗与香港〈大成〉杂志》,《书城》第12期,2011年。

万军、陈伟欢:《朱希祖致朱镜宙信札二通》,《文献》第6期,2014年。

江东跃、沈建中:《同眠于西湖南屏山麓的伴侣——记章太炎和夫人汤国黎》,《浙江档案》第6期,1999年。

齐涛:《王仲荦先生二三事》,《许昌学院学报》第7期,2018年。

汤国梨、胡觉民:《忆夫章太炎》,《出版参考》第2期,2005年。

李燕群:《余杭章太炎故居简述》,《杭州文博》第1期,2013年。

章念驰:《章太炎·黄绍兰·博文女校——一件为世所忽略的珍贵建党史料》,《社会科学》第7期,1991年。

黄振萍:《章太炎、汤国梨与龚宝铨往来书信四通》,《文献》第4期,2008年。

余丽芬:《章太炎的家世与婚姻》,《浙江档案杂志》第6期,1996年。

冯晓蔚:《章太炎夫人汤国梨的爱国情怀》,《文史春秋》第4期,2013年。

汪荣祖:《章太炎汤国梨姻缘叙》,《读书文摘》第4期,2009年。

周树山:《章太炎先生的婚事》,《同舟共进》第9期,2018年。

李希泌、毛华轩:《章太炎先生手札辑录》,《文献》第2期,1986年。

丰家骅:《章太炎遗葬始末》,《中外书摘》第6期,2008年。

朱有发:《章太炎与朱镜宙的翁婿情》,《两岸关系》第11期,2016年。

诸祖耿:《"章氏国学讲习会"纪事》,《文教资料》第6期,1999年。

张海荣:《〈公车上书记〉作者"沪上哀时老人未还氏"究竟是谁》,《清史研究》第2期,2011年。

秦燕春:《国学大师与政治枭雄过招——章太炎"时危挺剑入长安"》,《书屋》第2期,2008年。

金建陵:《黄绍兰其人其事》,《钟山风雨》第2期,2008年。

毛东耕：《回忆汤国梨老人》，《苏州杂志》第 2 期，2011 年。

唐学锋：《抗战前的重庆钱庄》，《重庆社会科学》第 3 期，1989 年。

陈礼荣：《民国才女汤国梨》，《文史精华》第 9 期，2003 年。

刘大胜：《名士黄侃的九次婚恋》，《文史天地》第 5 期，2019 年。

马振犊：《邵元冲与张默君》，《民国档案》第 1 期，1986 年。

夏骏：《苏州章氏国学讲习会办学事迹考》，《苏州大学学报（教育科学版）》第 1 期，2013 年。

周励恒：《太炎文学院的创办及终结》，《史学理论与史学史学刊》第 2 期，2020 年。

王仲荦：《谈谈我的治学经过》，《文史知识》第 9 期 1985 年。

姚传德：《汤国梨：中国近代妇女运动的先驱》，《团结》第 3 期，2011 年。

孙衍辛：《汤国梨〈影观词〉研究》，《剑南文学（经典阅读）》第 12 期，2012 年。

丁芮：《近代警察政治监控的微观考察 以民初章太炎被羁北京事件为例》，《北大史学》第 0 期，2014 年。

《中国现代漫画的先驱——沈泊尘》，《嘉兴日报》，2007 年 6 月 29 日。

杜桂萍：《〈救夫记传奇〉本事与近代戏曲的史实考索》，《光明日报》，2006 年 12 月 29 日。

毕俊南：《民国时期中华国货维持会研究（1911—1937）》，硕士学位论文，华中师范大学，2018年。

王世安：《唐群英女权思想研究》，硕士学位论文，湖南师范大学，2003年。

姜蒙：《地方场域中的女子学校教育研究——以上海务本女校为中心》，硕士学位论文，华东师范大学，2017年。

李笑研：《近代新女性张默君研究》，硕士学位论文，山东大学，2019年。

孙晓芳：《民国地方知识精英朱镜宙述评》，硕士学位论文，温州大学，2016年。

后记

2014年的夏天,我写作四年完成的《忏慧词人徐自华》出版,这是我读书生涯中第一次系统地进入中国近代知识女性这个独特的世界。当西风东渐、家国动荡,原本处在男人后方的女人们,在风云变幻的时代中,所发出的坚定、勇敢、智慧的光芒,让我深深折服!面对秋瑾、徐自华、吴芝瑛、吕碧诚、张默君……我直如晋武陵人入桃花源,眼见良田美竹、落英缤纷,内心豁然开朗,同为女子,真是与有荣焉!

这是中国近代史上一群灵魂有光的女子!从她们身上,我顿悟女子世界本来千古有光。女性的光,若萤火,微弱而不绝;若月华,柔润而治愈;若薪火,育人类之延绵。

我知道,徐自华并不是我为江南女性,特别是家乡女性立传的终结,这支笔,还将继续。

2021年初,桐乡文联启动"桐乡名人传记"的新一辑工程,把出身乌镇的章太炎夫人、影观词人汤国梨先生列入。我因有写作乡贤女性徐自华传记的经历,荣幸领受任务写作《汤国梨传》。岂非冥冥中与自己的愿景相接?

世人所知汤国梨,第一身份是太炎先生夫人。研读《章太炎家书》,以及章门弟子星散处处的纪念文章,太炎夫人、章门

后记

师母的影像日渐立体与丰富。太炎先生有名句:"人之娶妻当饭吃,我之娶妻当药用。"药的功用,一言以蔽之曰"补偏救弊"。汤国梨在怪杰鸿儒章太炎的生活中,的确是一味好药。学问上,汤国梨尊崇而不盲从,且每有妙悟让太炎先生也不禁击节认同;生活上,汤国梨更是太炎先生的定海神针,家务起居、教务经理,莫不妥帖。章太炎先生一生奔波革命,鲜少安定,他一生中不多的岁月静好,天伦之乐,都是汤国梨为他创造的。

好的女人,不仅圆满与强大自己,地母一样滋养与照拂家人与亲人。同时亦养育自己的生命,就像树养育自己的根系。汤国梨的自我养育,是用她一生热爱的诗词文章。这些生命密码,散落在她的《影观诗》《影观词》中。

汤国梨的词异于同乡忏慧词人徐自华的慷慨大气,而更近词宗婉约的原味,她词风平易婉约,直抒性灵,追慕唐五代花间词风的韵味十分明显。徐复在《〈影观集〉前言》中评师母词:"其诗其词,机杼自出,一派天籁,乃其独立人格与天才性灵之真实写照也。"汤国梨的诗词中还有许多思夫、思亲、思乡之作,读来深具内敛沉郁的情致。"意在笔先,神余言外。写怨夫思妇之怀,寓孽子孤臣之感。凡交情之冷淡,身世之飘零,皆可于一草一木发之。而发之又必若隐若现,欲露不露,反复缠绵,终不许一语道破。"(陈廷焯《白雨斋词话》)汤国梨一生经历辛亥革命、军阀混乱、日寇侵华等诸多家国劲荡,风雨飘摇,她将对弟弟汤国棠、妹妹汤国槃,以及后来远在海外的次子章奇的无尽思念,都化作诗词中的"感时易逝,离别易散,思念怀远"的愁闷郁结,落笔填词。

《影观集》中的汤国梨，用女性自身的柔软、丰富、纯净、坚韧去滋养周遭，同时又不断增强自我的生命力量。她说："动则与万物周旋，静则与万物绝缘；一生一死，不过如是。"这样的境界与格局，非寻常女子所能达到。

写完本书的最后一个章节，回顾整个过程，内心越来越惶恐。我感谢在这短短的一年时间里，为我提供帮助的师友尊长。桐乡市政协文史委颜磊强同志，把前两年编《汤国梨诗词集》时所收集到的资料，倾囊而授；我的好朋友浙师大哲学系张天杰教授，在章太炎研究中颇有建树，我每有迷惑总第一时间问学于他，他是我随时随地可打开的活辞典；尤为感念的是，本书框架初成，我得到了太炎先生后裔章念驰与章念翔先生的悉心指正，他们给了我莫大的鼓舞与力量。特别是与章念驰先生交流多次，时值上海疫情肆虐，先生居家抗疫，他常常用短信、微信、电话……不厌其烦地提携指正于我，还将他的新作《梅花的召唤》用作拙作代序，后又贴心写来推荐语，真使我铭感五内！

汤国梨先生一生矢志爱国，新中国成立后，任民革苏州市委会主委、苏州市政协委员、江苏省人民代表、江苏省文史馆馆员。拙作初成，也因此得到了民革中央宣传部原部长吴先宁先生的无私鼓励。先生不仅以党派领导身份，更以作家、文史学家的敏锐眼光与深厚底蕴，推动帮助我稚嫩肤浅的写作，让我不断完善不断进步！吴先宁同志还以深厚的情怀，赐文作序！我何其有幸，得诸多大家如此倾力提携，唯有深深感恩！

回报各方，唯有不负深情！本书传主汤国梨一生爱梅花，在下亦以王冕《梅花》诗，作一书之结：

冰雪林中著此身,不同桃李混芳尘。忽然一夜清香发,散作乾坤万里春!

让我们一起来以梅花之格,共勉!

闻海鹰